질병에 맞선 의학자의 말
딱 한마디 의학사

딱 한마디 의학사 올해의청소년교양도서 선정, 고래가숨쉬는도서관 추천

펴낸날 초판 1쇄 2024년 5월 17일 | 초판 2쇄 2024년 12월 3일

글 이현희 | **그림** 박상훈 | **감수** 예병일
편집 이정아 | **디자인** 김윤희 | **홍보마케팅** 이귀애 이민정 | **관리** 최지은 강민정
펴낸이 최진 | **펴낸곳** 천개의바람 | **등록** 제406-2011-000013호 | **주소** 서울시 영등포구 양평로 157, 1406호
전화 02-6953-5243(영업), 070-4837-0995(편집) | **팩스** 031-622-9413

사진자료 39쪽 침통(국립중앙박물관)·45쪽 동의보감(국립진주박물관) 110쪽 에드워즈 외 사진(연합뉴스)

ⓒ이현희·박상훈, 2024 | ISBN 979-11-6573-547-0 73510

* 이 책은 저작권법에 따라 보호받는 저작물이므로 무단전재와 무단복제를 금지하며,
  이 책 내용의 전부 또는 일부를 이용하려면 반드시 저작권자와 천개의바람의 서면 동의를 받아야 합니다.

* 잘못 만든 책은 구입하신 서점에서 바꾸어 드립니다. 천개의바람은 환경을 위해 콩기름 잉크를 사용합니다.
* 종이에 베이거나 긁히지 않도록 조심하세요. 책 모서리가 날카로우니 던지거나 떨어뜨리지 마세요.

제조자 천개의바람 **제조국** 대한민국 **사용연령** 11세 이상

질병에 맞선 의학자의 말

딱 한마디 의학사

이현희 글 | 박상훈 그림 | 예병일 감수

천개의바람

차례

머리말 …… 6

의학의 아버지 ✖ 히포크라테스(기원전 460년경~기원전 377년경)
인생은 짧고 **의술**은 길다 …… 8

의학의 황제 ✖ 갈레노스(129년경~199년경)
인체의 모든 기관은
만들어진 **목적**이 있다 …… 16

외과학의 아버지 ✖ 앙브루아즈 파레(1510년~1590년)
나는 붕대를 감았을 뿐,
상처는 **신**이 낫게 한다 …… 26

한의학 집대성 ✖ 허준(1539년~1615년)
사람의 몸은 **한 나라**와 같다 …… 36

생리학의 발전 ✖ 윌리엄 하비(1578년~1657년)
피는 몸속을 **순환**한다 …… 46

백신의 선구자 ✖ 제너(1749년~1823년)
예방 접종을 하면
두창을 막을 수 있다 …… 56

감염 예방법 ✕ 제멜바이스(1818년~1865년)
병실에 들어오는 **의사**는
반드시 **손**을 씻어야 한다 …… 64

미생물학의 아버지 ✕ 파스퇴르(1822년~1895년)
미생물이 **질병**을 발생시킨다 …… 74

진단 의학 ✕ 뢴트겐(1845년~1923년)
해부를 하지 않고도
몸속을 볼 수 있다 …… 82

최초의 항생제 ✕ 플레밍(1881년~1955년)
단지 우연히 **자연**이 만든
페니실린을 발견했을 뿐이다 …… 92

생식 의학의 선구자 ✕ 로버트 에드워즈(1925년~2013년)
아기보다 더 **특별한 존재**는 없다 …… 102

추천의 글 …… 111

참고 자료 …… 112

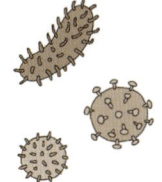

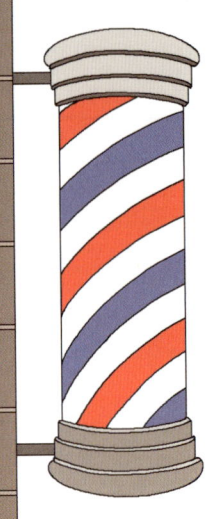

머리말

콜록콜록.

자꾸 기침이 나면서 온몸에서 열이 나요. 어쩐지 배도 살살 아파 와요. 이럴 때 여러분은 어떻게 하나요? 아픈 몸을 고치기 위해 약을 먹거나 병원을 찾아가 적절한 치료를 받을 거예요. 얼마 전 무서운 감염병이 유행해 전 세계를 고통에 빠트렸을 적에도 우리는 치료제와 백신을 개발해 질병에서 벗어날 수 있었어요. 그런데 우리 목숨을 구해 주는 항생제나 백신, 엑스레이 등이 없던 과거에는 어떻게 질병을 치료했을까요?

먼 옛날 사람들은 우리 몸이 어떻게 작동하는지, 질병에 왜 걸리는지 알지 못했어요. 그러다 보니 질병을 낫게 해 달라며 신에게 빌거나, 엉뚱하고 기상천외한 방법들에 매달렸어요. 심지어 염소 오줌으로 목욕을 하거나, 스스로 채찍질을 하기도 했대요. 지금 생각하면 말도 안 되는 방법이지만 당시에는 철석같이 믿는 사람들이 있었대요.

과거와 달리 오늘날에는 질병의 원인과 증상을 발 빠르게 밝혀내고 그에 맞는 치료를 받을 수 있어요. 모두 눈부시게 발전한 의학의 힘 덕분이지요. 이 책에는 의학의 발전에 영향을 끼친 선구자들의 중요한 한마디가 시대순으로 소개되어 있어요. 책을 읽으며 과거 의학자들의 끝없는 연구와 실험, 열정을 만나게 될 거예요. 물론 이들이 완벽하기만 했던 것은 아니에요. 때로는 실수와 실패도 하고, 필요 이상으로 지나친 행동을 하기도 했어요. 그러나 이 모든 과정들이 쌓이고 쌓여 오늘날 우리가 누리는 현대 의학을 만드는 소중한 밑거름이 되었지요.

세상을 바꾼 의학자들이 어떤 한마디를 남겼을까요? 이 책과 함께 그들이 남긴 한마디를 곰곰이 생각해 보세요. 어쩌면 낯설고 생소했던 의학의 세계가 친근하게 느껴질 수도 있을 거예요. 혹시 또 모르죠. 먼 훗날 여러분이 그 한마디를 남기게 될 주인공이 될지도요.

자, 이제 세상을 바꾼 의학자들의 한마디에 귀를 기울여 볼까요?

인류가 세상에 등장할 때부터 질병은 존재했어요. 고대 이집트의 미라를 살펴보면 결핵, 소아마비 등 다양한 병을 앓았던 흔적이 남아 있지요.

먼 옛날 사람들은 질병이 왜 나타나는지, 어떻게 치료할 수 있는지 몰랐어요. 병에 걸리면 목숨을 잃을까 봐 벌벌 떨며 질병을 신이 내린 형벌이라고 생각했지요.

"신이 노하셨다."

원시 시대를 지나 문명이 발달해도 이런 생각은 크게 달라지지 않았어요. 고대 그리스 사람들은 아프면 의술의 신 아스클레피오스 신전을 찾아가 용서를 빌며 기도를 올렸어요. 그러다 병이 나으면 신께 감사했지요. 신이 의학을 지배하던 시절, 질병에 대해 다른 생각을 품은 사람이 등장했어요.

"여러분! 질병은 신이 내린 벌이 아닙니다. 모든 병에는 원인과 치료법이 따로 있습니다."

신의 울타리에 갇혀 있던 질병과 의학을 처음으로 과학적으로 풀어 보려고 했던 이 사람은 고대 그리스의 의사, 히포크라테스예요.

신과 질병을 떼어 놓은 최초의 의사

히포크라테스는 기원전 460년경, 고대 그리스의 코스 섬에서 태어났어요. 코스 섬은 의학이 매우 발달한 곳이었어요. 당시 의술은 아버지에게서 아들로, 아들에게서 다시 그 자손으로 전해졌어요. 히포크라테스도 의사였던 아버지에게서 의술을 배웠어요.

히포크라테스가 살던 시기에는 치료법이 없는 질병이 아주 많았어요. 몸이 아픈 사람들은 아스클레피오스 신전으로 달려가 신에게 도와 달라고 빌었어요. 신이 형벌을 내려 병에 걸렸다고 믿었거든요.

하지만 히포크라테스는 오랜 믿음에 의문을 품었어요.

"어린아이와 노인에게 같은 증상이 나타났어. 그들이 신에게 같은 죄를 지었단 말인가? 그게 아니라면 병의 원인이 따로 있는 게 아닐까?"

히포크라테스는 질병과 증상의 관계를 찾아보기로 했어요. 환자를 진료하면서 얼굴색과 호흡을 살피고, 허파에서 나는 소리를 직접 들어 보기도 했지요. 때로는 콧물이나 고름, 대소변 등을 직접 만져 보고 심지어 맛을 보기도 했어요. 그리고 진료 과정을 꼼꼼하게 기록해서 병의 원인을 찾는 데 힘썼어요. 그렇게 반복한 끝에 히포크라테스는 한 가지 결론을 내렸어요.

"모든 병에는 원인이 있고, 그 원인을 알면 사람이 직접 치료할 수 있다."

　지금 생각해 보면 당연한 말이에요. 하지만 신과 질병을 떼어 놓고 의학을 바라본 사람은 히포크라테스가 처음이었어요. 오로지 신만이 질병을 고칠 수 있다고 믿었던 당시에는 엄청나게 새로운 주장이었지요.

질병의 원인을 설명한 4체액설

히포크라테스는 고향을 떠나 떠돌이 의사로 생활했어요. 방방곡곡을 돌아다니며 여러 자연 철학자들을 만나 사귀었지요. 자연 철학자는 종교에서 벗어나 과학적으로 생각하는 사람들이었어요. 자연 현상을 탐구하며 세상 이치를 과학적으로 설명하려고 했지요. 자연 철학자의 영향을 받은 히포크라테스는 생각했어요.

"질병은 자연적인 원인에 의해 생기는 자연 현상이야. 그렇다면 물이나 공기, 주변 환경 때문에 병이 생기는 게 아닐까?"

특히 히포크라테스는 엠페도클레스의 '4원소설'에 큰 영향을 받았어요. 엠페도클레스는 세상 만물이 '공기, 불, 흙, 물'의 네 가지 원소로 만들어졌다고 주장했어요. 히포크라테스는 사람의 몸도 자연과 마찬가지로 네 가지 체액으로 이루어졌다고 생각했지요. 네 가지 체액은 '피, 점액, 노란 담즙, 검은 담즙'이라고 했어요. 히포크라테스는 네 가지 체액이 균형을 이루지 못하면 병이 생긴다고 믿었어요. 이 이론을 '4체액설'이라고 해요.

"증상이 나타나는 것은 자연스럽지 못한 불균형 때문이야. 체액이 부족하면 잘 먹어서 보충하고, 체액이 넘치면 먹은 것을 토하거나 운동으로 땀을 내서 체액을 몸 밖으로 빼내어 균형을 맞춰야 해."

히포크라테스는 환자들에게 필요한 음식을 알려 주고 적절히 운동하라고 처방했어요. 치료를 위해 약물도 사용했지요.

사실 히포크라테스의 4체액설은 엉터리였어요. 사람의 몸에는 '검은 담즙'이 없거든요. 게다가 히포크라테스는 균형을 맞춘다며 피를 뽑아내는 황당한 치료를 하기도 했어요. 그렇지만 질병의 원인을 이성적으로 설명하려고 했던 사람은 히포크라테스가 최초였어요. 무엇보다 음식과 운동으로 건강을 지킬 수 있다는 생각은 현대 의학에서도 중요하게 여기는 의학적 사실이에요.

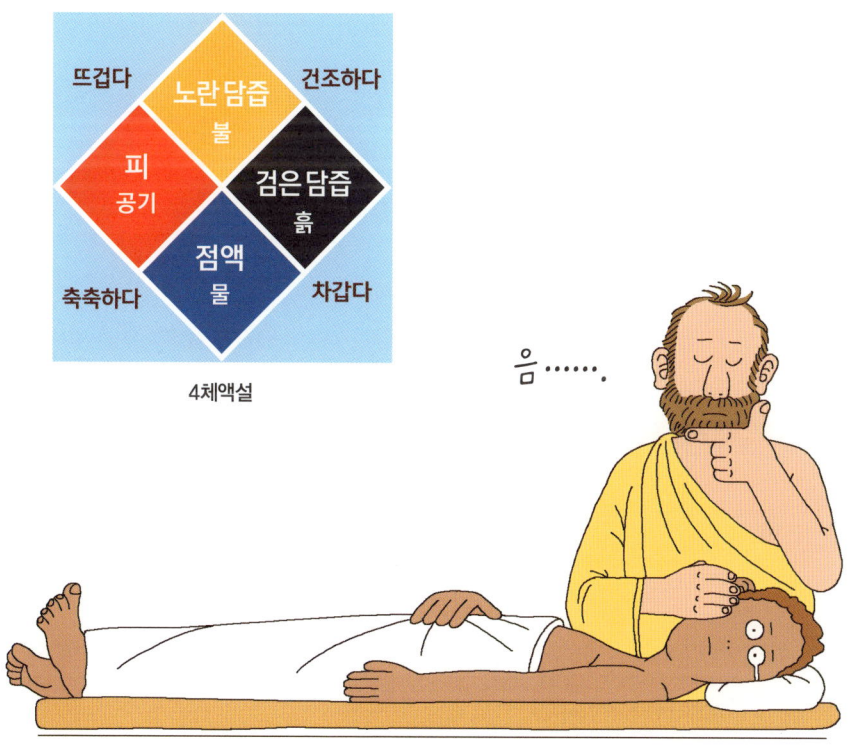

4체액설

의학의 아버지

환자들은 히포크라테스의 말이 옳다고 믿기 시작했어요. 히포크라테스의 처방을 따르자 병이 낫는 경우가 많아졌고, 치료가 안 되던 병이 치료되는 경우도 생겼거든요. 사람들은 아프면 신에게 기도를 올리는 대신 의사를 찾기 시작했어요. 의사는 환자의 증상을 꼼꼼히 살피며 원인을 찾고, 그에 맞는 약을 처방했지요. 질병에 대한 생각이 인간 중심으로 완전히 바뀐 거예요.

히포크라테스는 늘 환자의 돈이나 계급, 지위에 상관없이 평등하게 치료했어요. 질병을 진단하고 치료할 수 있는 의료 기구를 직접 만들기도 했지요. 나중에는 코스 섬으로 돌아와 의학을 가르치는 학교를 세우고 제자들에게 의술을 가르쳤어요.

"인생은 짧고 예술은 길다."

많이 들어 본 말이지요? 이 말을 처음 한 사람이 바로 히포크라테스예요. 히포크라테스가 의학에 정통했으니 '예술'보다 '의술'이 더 옳은 표현이지요.

"인생은 짧고 의술은 길다."

이 말처럼 사람이 질병을 고칠 수 있다는 히포크라테스의 생각은 계속 전해지며, 의학을 한층 발전시켰어요. 그래서 오늘날 히포크라테스를 이렇게 부른답니다.

"의학의 아버지, 히포크라테스!"

히포크라테스가 남긴 위대한 유산

《히포크라테스 전집》은 약 70여 권으로 이루어진 세계 최초의 의학 전집이에요. 책 제목과 달리 히포크라테스가 직접 쓴 것은 아니에요. 그럼 누가 썼냐고요?

기원전 280년, 당시 최고의 도서관이 있던 이집트 알렉산드리아에 의사들이 모였어요. 100년 이상의 기간에 걸쳐 히포크라테스가 남긴 글과 기록을 모아 책을 만들었지요. 《히포크라테스 전집》에는 질병의 증상을 짜임새 있게 나누어 놓았고, 치료 방법도 기록했어요. 그 덕분에 당시 의학이 어떠했는지를 한눈에 볼 수 있지요. 이뿐만 아니라 의사가 환자를 대하는 태도와 마음가짐도 중요하게 다루고 있어요. 그 내용이 적힌 글이 바로 '히포크라테스 선서'예요. 1948년 세계의학협회는 원래의 선서 내용을 시대에 맞게 수정해 의사 선언문으로 채택했어요. 오늘날 서양 의학을 배우는 의대생들은 졸업식 때 수정된 히포크라테스 선서를 읽으며 의사로서 윤리를 지키겠다고 맹세해요.

히포크라테스 조각상 (그리스 라리사)

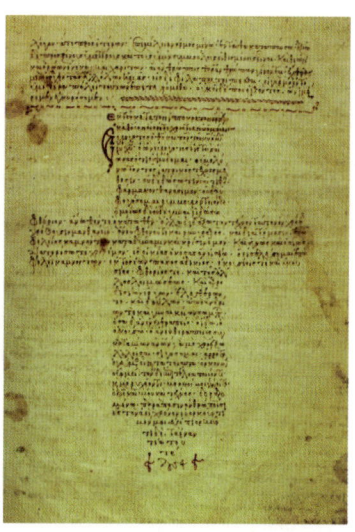

히포크라테스 선서 사본 (12세기 비잔티움 제국)

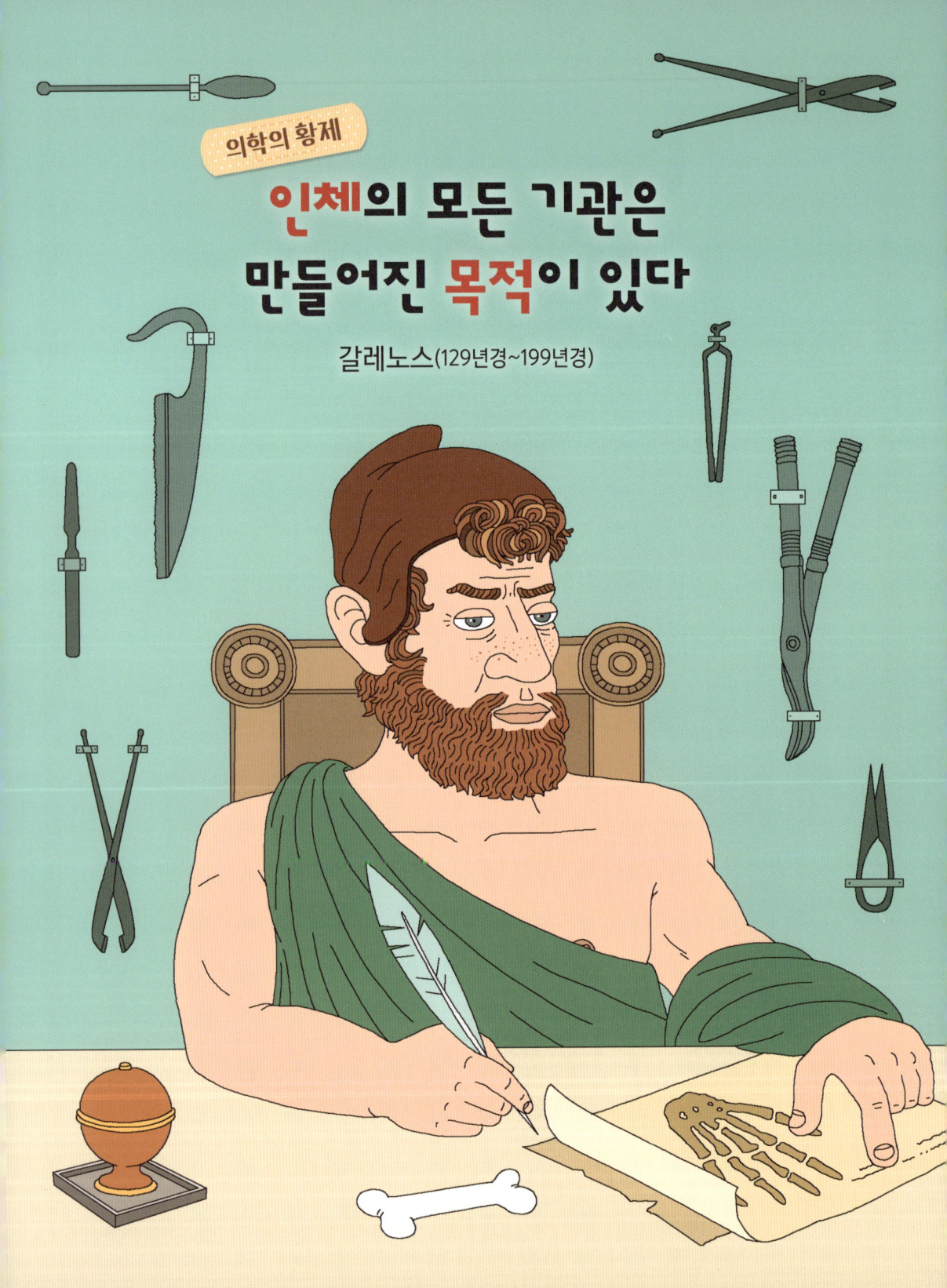

"사람의 생명을 유지하는 것은 영혼이야."

먼 옛날 사람들은 영혼이 생명의 본질이고, 몸속은 텅 비어 있다고 생각했어요. 그래서 사람의 몸속에 어떤 기관이 있는지, 각 기관이 생명을 유지하기 위해 어떤 역할을 하는지 잘 알지 못했어요. 히포크라테스가 등장한 이후에야 사람들은 자신의 몸에 대해 좀 더 관심을 갖고 집중하기 시작했어요.

"사람의 몸속은 어떻게 생겼을까?"

또한 병을 치료하기 위해서는 눈에 보이지 않는 몸속 기관의 구조를 파악하고, 어떤 방식으로 움직이는지 이해하는 것이 중요하다는 걸 처음으로 깨달은 사람도 나타났어요.

"사람의 장기와 뼈, 근육 등을 관찰하는 일은 병을 진단하고 치료하는 일의 토대가 된다."

이 사람은 로마의 의사 갈레노스예요. 히포크라테스와 함께 고대 서양 의학을 대표하는 인물이지요.

의술의 신이 내려준 계시

히포크라테스가 세상을 떠나고 약 500년이 지난 129년경, 고대 로마 제국의 도시 페르가몬에서 갈레노스가 태어났어요. 갈레노스의 아버지는 유명한 건축가로 자식에 대한 교육열이 높았어요. 갈레노스에게 직접 글과 학문을 가르치는 한편, 철학 학교에 보내 라틴어와 다양한 학문을 공부시켰어요.

갈레노스가 열여섯 살이 되던 해, 아버지의 꿈에 의술의 신 아스클레피오스가 나타났어요.

"네 아들에게 의술을 가르쳐라. 그는 위대한 의사가 될 것이다."

아버지는 이 꿈을 신의 계시로 받들었어요. 갈레노스를 아스클레피오스 신전으로 보내 의술을 배우게 했지요. 공부를 마칠 무렵 아버지가 돌아가시자, 갈레노스는 다짐

아스클레피오스 조각상. 한 마리의 뱀이 감긴 지팡이는 아스클레피오스의 상징이다.

세계보건기구(WHO)의 상징이 된 아스클레피오스의 뱀과 지팡이

했어요.

"아버지 말씀대로 훌륭한 의사가 될 거야."

갈레노스는 유명한 의사들을 찾아 여러 도시를 여행하며 새로운 의학 지식을 쌓았어요. 이집트의 알렉산드리아에서는 의학교도 다녔어요. 갈레노스는 이곳에서 《히포크라테스 전집》을 공부하며 4체액설을 자세하게 연구해 발전시켰어요.

여느 때처럼 《히포크라테스 전집》을 보던 갈레노스는 처음으로 해부학 그림을 보게 되었어요. 독수리가 쪼아 먹어 앙상한 뼈를 그린 그림이었어요.

고대 의료 시설이자 아스클레피오스 신전이 있었던 페르가몬의 유적지

'이게 사람 뼈야? 정말 신기하군.'

'인체는 어떤 구조일까? 숨은 어떻게 쉴 수 있지? 피는 어떻게 흐르는 걸까?'

갈레노스는 사람의 몸속이 더욱 알고 싶었어요. 한번 생긴 궁금증은 꼬리에 꼬리를 물고 이어졌지요.

사람의 몸속 구조와 기능

157년, 갈레노스는 젊고 뛰어난 의사가 되어 고향 페르가몬으로 돌아왔어요. 페르가몬에서는 해마다 검투사 시합이 열렸어요. 검투사는 여러 무기를 들고 싸우는 일종의 격투가로 야생 동물이나 다른 검투사 혹은 범죄자와 싸웠는데, 부상을 당하는 검투사가 많았어요.

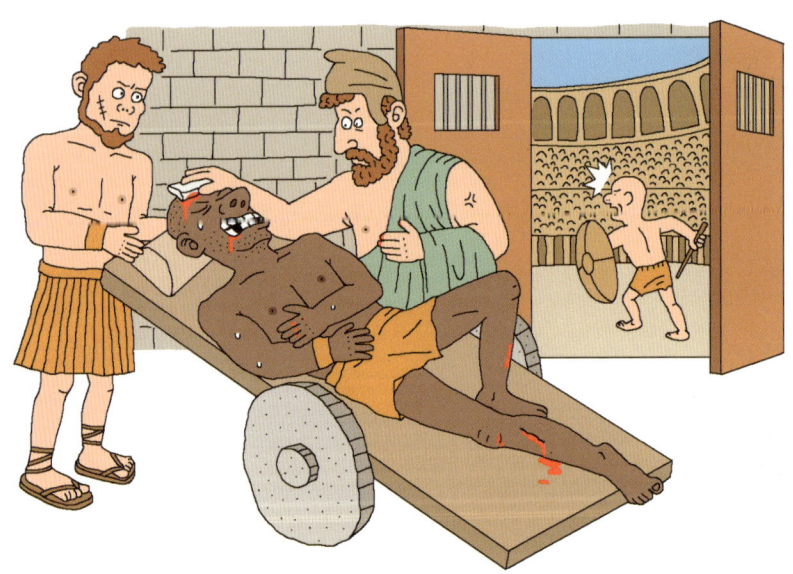

로마 황제를 치료하는 의사가 된 갈레노스는 황제와 함께 검투사들의 싸움을 구경하며 승자를 치료해 주곤 했어요. 어긋난 뼈를 맞추고, 머리에 난 상처를 치료했지요. 때론 찢어진 근육과 피부를 꿰매는 수술도 했어요.

갈레노스는 자연스럽게 몸속의 구조와 기능에 대해 생각하게 되었어요.

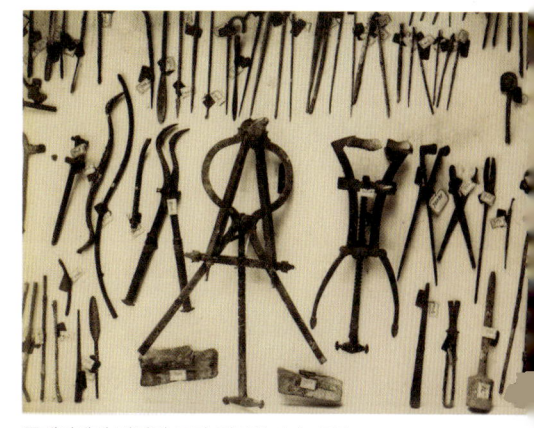

폼페이에서 발견된 로마 제국의 수술 도구

"우리의 몸은 각종 장기와 뼈, 근육 등으로 이루어져 있구나. 인간의 몸속은 왜 이렇게 구조가 복잡하지? 아리스토텔레스는 자연은 목적 없이 아무것도 만들지 않는다고 했는데……."

밥을 먹다가도 길을 걷다가도 이 문제를 깊이 고민했어요. 갈레노스는 히포크라테스와 마찬가지로 네 가지 체액이 불균형하면 병이 생긴다고 믿고 있었어요. 그러던 어느 날, 머릿속이 환해졌어요. 질병의 또 다른 원인이 있을지 모른다는 생각이 든 거예요. 인체의 각 기관이 고장 나면 병이 생길 수 있다는 생각이었죠.

인체의 모든 기관은 만들어진 목적이 있다

갈레노스의 생각은 질병을 사람이 고칠 수 있다고 생각한 히포크라테스의 접근에서 한발 더 나아간 것이었어요. 비로소 의학이 인간의 몸에 가까이 다가가기 시작한 거예요.

갈레노스는 병을 고치기 위해서는 우리 몸속의 기관들이 어떻게 이루어져 있고, 어떻게 움직이는지 알아야 한다고 생각했어요. 각 기관의 구조를 정확히 알려면 해부가 필요했지요. 그러나 고대 로마 제국은 사람의 몸을 해부하지 못하도록 법으로 엄격히 금지했어요.

"어쩔 수 없군. 동물이라도 해부해야겠어."

갈레노스는 동물과 사람의 겉모습은 서로 다르지만, 모든 생물의 기관은 똑같이 작용할 거라고 짐작했어요. 그래서 사람 대신 개와 돼지, 원숭이 등 동물의 몸을 열어 살펴봤지요. 결국 갈레노스는 신경계와 뇌, 심장의 구조 등 여러 기관의 기능을 밝혀냈어요.

"사람의 말을 통제하는 기관은 뇌였어!"

"우리 몸속에는 정맥과 동맥, 두 종류의 혈관이 있구나. 동맥은 공기가 아니라 혈액이 지나는 길이고, 간에서 피가 만들어지는구나."

물론 갈레노스의 해부학 지식이 모두 옳지는 않았어요. 정확히 맞는 것도 있고, 완전히 틀린 것도 있었어요. 몸속에 정맥과 동맥, 두 종류의 혈관이 있는 건 사실이지만, 피는 간에서 만들어지지 않아요.

그렇지만 갈레노스는 해부학으로 쌓은 지식을 이용해 여러 치료법을 개발했어요. 코안에 생긴 혹이나 튀어나온 다리 혈관을 치료하고, 방광에 생긴 돌멩이를 수술하며 명성을 높여 갔어요.

동맥
피를 심장에서 몸의 각 부분에 보내는 혈관으로 두껍고 근육층이 발달했어요.

정맥
몸의 각 부분을 순환한 피를 다시 심장으로 되돌려 보내는 혈관으로 피가 거꾸로 흐르지 않도록 판막이 있어요.

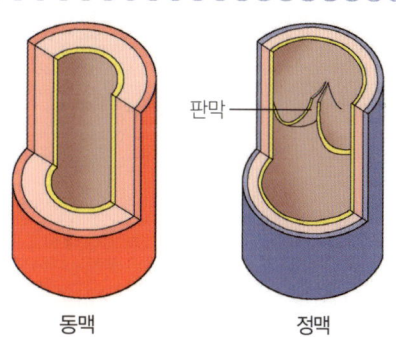

"말만 번지르르한 떠버리인 줄 알았더니 수술 실력이 제법이야."

갈레노스는 정확한 진단과 치료로 유명해졌어요. 또한 직접 해부하고 의사로 일하면서 쌓은 경험과 지식들을 수백 권의 책과 논문으로 펴냈어요. 인체의 구조를 연구하는 해부학, 인체의 기능을 연구하는 생리학, 질병 발생 과정과 그로 인한 구조의 변화를 연구하는 병리학 등 의사가 알아야 하는 거의 모든 기초 지식을 체계적으로 정리했지요. 갈레노스가 쓴 책은 서양 의학의 토대가 되었을 뿐만 아니라, 이후 1500년 동안 서양 의학에 강력하게 영향을 미쳤어요. 히포크라테스보다 더 막강하고, 훨씬 오랫동안 서양 의학을 지배한 사람이 바로 갈레노스였어요.

한눈에 쏙! 의학사 돋보기

갈레노스를 반박한 해부학의 아버지, 베살리우스

갈레노스가 세상을 떠나고 무려 1500년 동안, 갈레노스의 주장이 틀렸다고 지적한 사람은 없었어요. 조금이라도 반박하면 큰 비난을 받았지요. 그런데 16세기 갈레노스의 신성한 가르침에 의문을 제기한 사람이 나타났어요. 벨기에 출신 의사 베살리우스였어요.

프랑스에서 의과대학을 졸업한 베살리우스는 갈레노스가 쓴 해부학 책만 들여다보는 게 답답했어요. 그래서 인체를 직접 해부하기 위해 몰래 사형수의 시체를 구하거나 공동묘지에서 시체를 파냈어요. 수많은 인체를 해부하고 관찰한 끝에 갈레노스의 잘못을 200여 개나 찾아냈지요.

갈레노스는 인간의 턱뼈가 두 개라고 주장했지만 실은 하나였어요. 가슴뼈도 일곱 개라고 했지만 베살리우스가 찾아낸 뼈는 세 개뿐이었지요. 엄청난 의학적 발견이었어요. 1543년, 베살리우스는 해부에 관한 지식을 모아 《인체 구조에 관하여》라는 책을 냈어요. 이 책에는 정확한 해부학 지식뿐만 아니라 300점 이상의 정교한 해부도가 담겨 있어요.

프랑스는 이탈리아만큼 해부가 자유롭지 않았기 때문에 베살리우스는 인체 해부가 허락되었던 이탈리아로 떠나 파도바 대학에서 해부학 교수로 일했어요. 베살리우스는 금기를 깨고 해부학의 새로운 시대를 연 개척자로 인정받고 있어요.

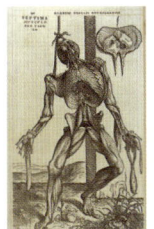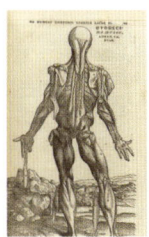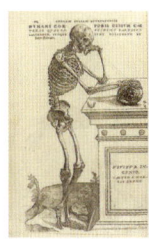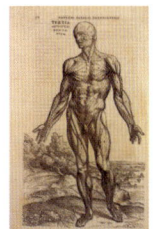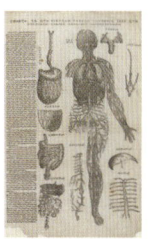

《인체 구조에 관하여》 부분

수술은 칼이나 도구를 이용해 사람의 몸을 자르거나 째서 병을 고치는 방법이에요. 선사 시대에도 두개골에 구멍을 내어 수술한 흔적이 있어요. 고대 그리스에서도 의사들이 직접 수술했고요. 《히포크라테스 전집》에는 이렇게 적혀 있어요.

"약으로 치료할 수 없으면 메스로 치료할 수 있고, 메스로 치료할 수 없으면 불에 달군 쇠로 치료하며, 달군 쇠로도 치료할 수 없으면 치료가 불가능하다."

갈레노스가 검투사의 상처를 꿰매고, 베살리우스가 인체를 해부한 뒤로 병을 고치는 방법으로 수술은 점차 늘었어요.

그런데 중세 시대에 들어서면서 사정이 달라졌어요. 사람의 몸에 칼을 대는 외과 수술이나 해부는 의사가 아닌 이발사가 대신하게 되었지요. 이발사는 수술에 필요한 예리한 칼이나 도구를 능숙하게 다루었어요. 16세기 프랑스에서는 아예 '이발 외과 의사'라는 직업까지 생겼어요. 이 무렵 뛰어난 외과 수술로 프랑스 국왕의 주치의가 된 이발사가 등장했어요. 바로 앙브루아즈 파레예요.

이발소에서 핀 의술의 꿈

　1510년, 앙브루아즈 파레는 프랑스 변두리 도시에서 목수의 아들로 태어났어요. 파레의 집은 가난한 데다 형제가 많아 끼니를 거르는 일이 잦았어요. 집안 형편이 어렵다 보니 학교도 다닐 수 없었지요. 파레는 일찌감치 이발사 견습생이 되었어요.
　"이발 기술을 배우면 밥을 굶지 않아도 돼. 집안 형편에도 도움이 될 거야."
　당시 이발사는 머리를 깎거나 면도를 하면서 아픈 이를 뽑아 주거나, 종기 고름을 짜 주기도 했어요. 눈썰미가 좋은 파레는 잔심부름을 하면서 이런 치료 방법을 어깨너머로 배웠어요.

"병을 고치는 일은 정말 보람된 일이야. 하지만 이발사에게 배우는 지식으로는 한계가 있어. 나도 제대로 의술을 배우고 싶어."

파레는 의술을 체계적으로 배우고 싶었어요. 하지만 중세 유럽의 의과대학은 신분이 높은 귀족에게만 입학을 허락했어요. 파레는 평민이라 의과대학에 들어갈 수 없었지요. 게다가 의과대학을 졸업한 의사들은 주로 약초로 병을 고치는 내과를 담당했어요. 당시 절대적인 권위를 가졌던 교회에서 인체에 칼을 대거나 해부하는 행위를 야만적으로 여기며 금지했기 때문이에요. 그러다 보니 수술이나 해부는 신분이 낮은 이발사의 몫이 되었지요. 이발사가 외과 의사 역할을 대신한 거예요.

어쩔 수 없이 파레는 프랑스 최고 병원인 오텔 디외에 들어가 외과 교육을 받기 시작했어요. 파레는 어릴 적에 교육을 제대로 받지 못해 라틴어로 쓰인 의학서는 읽을 수 없었어요. 하지만 머리와 손재

라틴어

로마 제국에서 사용했던 언어예요. 기원전 1세기 이후 로마가 지중해를 정복하면서 유럽 전역으로 퍼져 나가 유럽의 역사와 학문에 큰 영향을 미쳤어요. 이탈리아어, 프랑스어, 스페인어, 포르투갈어 등 대부분 유럽 언어는 라틴어의 영향을 받아 탄생했어요.

로마 콜로세움에 있는 라틴어 비문 (5세기)

주가 뛰어나 칼이나 도구를 이용한 외과 수술은 누구보다 잘했지요. 게으름 한번 피우지 않고 열심히 의술을 배운 파레는 마침내 외과 의사가 되었어요.

새로운 총상 치료법 발견

1536년, 프랑스와 이탈리아가 전쟁을 벌였어요. 파레는 군의관이 되어 전쟁터에서 수많은 환자들을 돌봤지요. 부상을 당한 병사들은 파레에게 살려 달라고 애원했어요.

"군의관! 다리에 박힌 총알 좀 빨리 빼 주시오."

의학서에는 총알에 독이 있기 때문에 총에 맞은 상처는 뜨거운 기름을 부어 치료하라고 적혀 있었어요. 교황의 주치의도 총상에는 끓인 기름을 바르는 것이 좋다고 주장했지요. 사실 총알에는 독이 없지만 의학이 발달하지 않은 당시에는 이런 사실을 몰랐어요.

파레는 이전부터 내려온 방식대로 총상 부위에 펄펄 끓인 기름을 부었어요. 그런데 총에 맞은 병사들이 연달아 들이닥치면서 끓인 기름이 다 떨어졌어요. 파레는 임시방편으로 장미 기름과 달걀노른자, 소나무 진액을 섞어 연고를 만들었어요. 환자들의 상처에 이 연고를 바른 뒤 붕대를 감았지요.

"환자들 상태가 더 나빠지면 어쩌지?"

파레는 걱정으로 밤잠을 설쳤어요. 날이 밝자마자 병실로 뛰어가 환자들의 상태를 확인했지요. 그런데 이게 웬일인가요! 연고를 바른 환자들은 고통 없이 평온하게 잠들어 있었어요. 붕대를 풀어 보니 상처도 가라앉은 상태였지요. 반면 뜨거운 기름을 부은 환자들은 상처가 부어올라 밤새도록 높은 열에 시달리고 있었어요. 그 순간 파레는 오랫동안 내려온 치료법이 잘못됐음을 깨달았어요.

"엉터리 치료법을 아무 의심 없이 그대로 따라 하고 있었어. 앞으로 끓인 기름으로 총상을 치료하는 일은 없을 거야. 스스로 터득한 치료법이 아니면 쓰지 않겠어."

그날부터 파레는 자신이 경험하면서 얻은 지식으로 새로운 치료법을 개발하기 시작했어요.

외과 의사의 위상을 드높인 파레

3년 만에 전쟁이 끝났어요. 그동안 파레의 명성은 높아져 있었지요. 그런데 1551년, 다시 전쟁이 벌어졌어요. 이번에도 파레는 군대의 부름을 받아 수많은 환자를 치료했는데, 갈수록 부상 부위에 감염이 심해져 팔이나 다리를 잘라 내야 하는 환자가 많아졌어요.

"피가 멈추지 않아요. 달군 쇠로 지져야겠어요."

당시에는 출혈을 멈추려면 뜨겁게 달군 쇠로 상처 부위를 지지는 방법을 널리 썼어요. 환자가 겪는 고통은 이루 말할 수 없었지요. 마취도 하지 않은 상태로 치료받으며 환자들은 고통으로 몸부림쳤어요.

"이렇게 잔인하고 고통스러운 치료밖에 없을까? 어쩌면 환자의 고통을 줄이면서 출혈을 막을 수 있는 방법이 있을지 몰라."

파레는 연구를 거듭한 끝에 새로운 수술법을 생각해 냈어요. 피가 쏟아지는 동맥의 끝부분을 잡고 얇은 명주실로 묶는 방법이었어요. 새로운 수술법은 달군 쇠로 지지는 것보다 통증이 훨씬 적고, 피도 금방 멈추게 했어요. 이 수술법은 현대 의학에서도 널리 사용되고 있어요. 파레가 외과 수술을 한 단계 발전시킨 거예요.

그 뒤로도 파레는 30여 년 동안 전쟁이 터질 때마다 달려 나가 부

상자를 치료했어요. 한번은 포로로 잡혔는데, 적군 대령의 다리에 난 상처를 치료해 주었어요. 이에 감탄한 적군은 파레를 풀어 주었지요. 전쟁터의 군인들은 파레의 뛰어난 외과 의술과 훌륭한 인격을 칭찬해 마지않았어요. 하지만 파레는 의사로서 겸손함을 잃지 않았어요.

"나는 붕대를 감았을 뿐, 상처는 신이 낫게 한다."

파레는 자신의 치료 방법을 정리해 의학서도 여러 권 펴냈어요. 파레의 명성은 프랑스 전역으로 퍼졌어요. 콧대 높은 내과 의사들에게

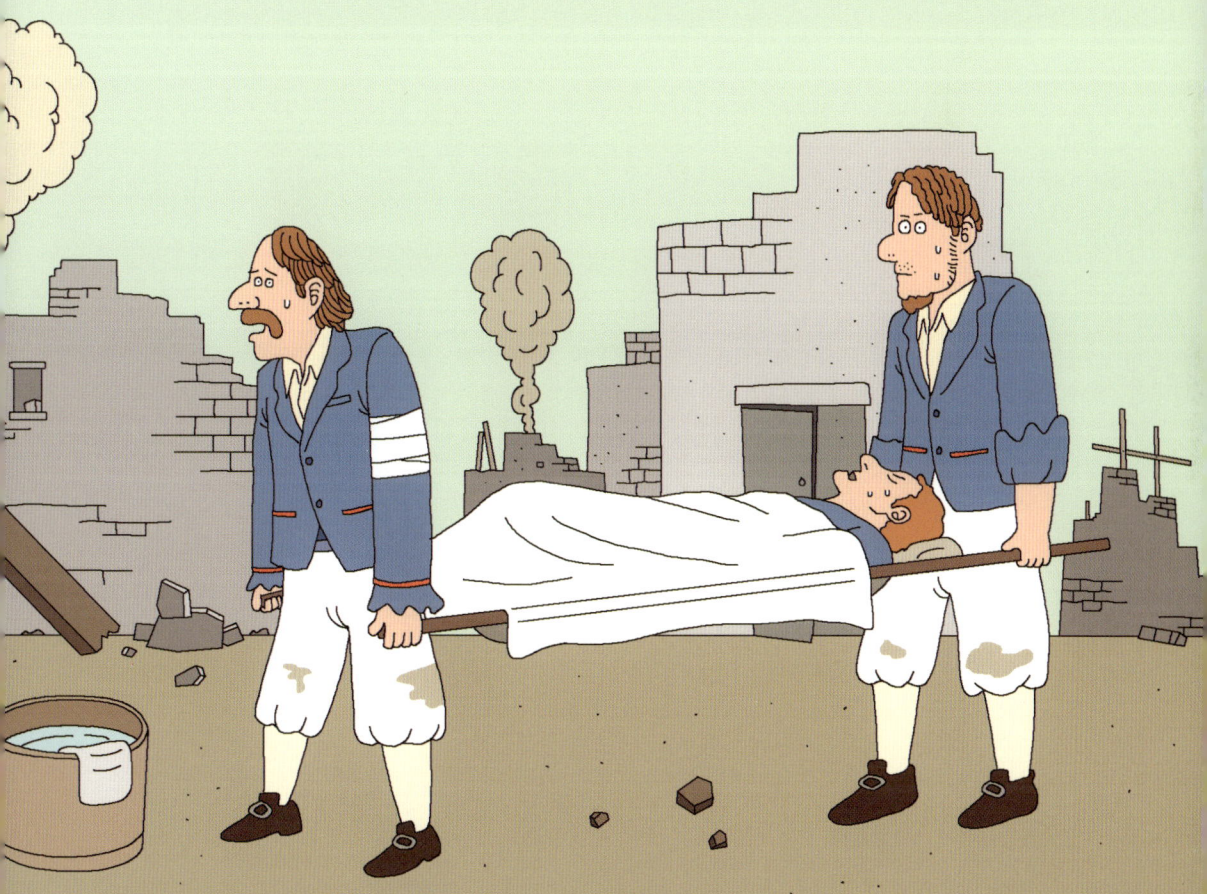

도 실력을 인정받은 파레는 1554년, 프랑스 국왕의 왕실 주치의로 임명되었어요. 잘못된 관습을 따르지 않는 용기와 환자를 위하는 마음이 파레를 프랑스 최고의 외과 의사로 만든 거예요.

외과 의술의 기초를 닦은 파레는 외과학의 아버지로 칭송받고 있어요. 이발사가 도맡았던 외과 수술은 파레로 인해 의학의 한 분야로 자리매김하게 되었지요. 오늘날 외과는 다양한 질병과 부상을 치료하고 생명을 구하는 데 중요한 역할을 하고 있어요.

한눈에 쏙! 의학사 돋보기

이발소의 놀라운 비밀

전 세계 어디를 가도 공통된 간판 하나가 있어요. 바로 이발소 간판이에요. 빨간색, 흰색, 파란색의 사선이 빙빙 돌아가는 삼색 기둥은 어느 나라를 가도 똑같아요. 그럼 이 삼색 기둥은 어떻게 이발소의 상징이 되었을까요?

중세 유럽에서 이발 외과 의사들은 정식 의사로 인정받지 못했어요. 그러다가 파레가 프랑스 국왕의 주치의가 되어 명성을 떨치면서 이발사와 외과 의사의 위치가 점점 올라갔지요.

성 코스마 대학의 교수가 된 파레는 체계적인 외과 전문 과정을 만들었어요. 이때부터 외과 의사들은 똑같이 흰 가운을 입기 시작했고, 이발 외과 의사의 고유한 상징으로 삼색 기둥이 만들어졌어요. 빨간색은 동맥, 파란색은 정맥, 흰색은 붕대를 상징해요.

1675년, 프랑스는 이발사가 수염만 깎도록 법을 새로 만들었어요. 이 법에 따라 이발사가 치료하는 행위는 금지되었고, 삼색 기둥만이 이발사의 상징으로 남아 오늘날까지 이어졌지요. 1745년, 외과 의사 협회가 이발 외과 의사 협회에서 분리되면서 외과 의사는 독립적인 지위를 얻게 되었어요.

이발소의 상징, 삼색 기둥

"큰일 났다! 역병이 퍼졌다!"

옛날 우리 조상들은 전염병이 돌면 나쁜 귀신이 들어왔다고 생각해서 무당을 불러 굿판을 벌였어요.

"제발 떠나 주세요. 이렇게 비나이다."

때로는 잡귀와 깨끗하지 못한 것이 집에 들어오지 못하게 대문에 부적을 붙이거나 새끼줄로 금줄을 치기도 했어요. 허준은 그 모습이 무척 안타까웠어요.

"병을 얻은 백성들이 의지할 곳이 무당이나 부적 같은 미신밖에 없다니……."

당시에 병을 고치는 의원은 돈 많고 신분이 높은 양반들 차지였어요. 힘없고 가난한 백성들은 의원을 만나기는커녕 약 한번 제대로 써 보지 못한 채 병들어 죽어 갔어요. 의학서도 어려운 한자로 쓰여 있어서 백성들에게는 소용이 없었어요.

조선 최고의 명의, 허준은 아픈 백성들을 위해 의학서를 쓰기 시작했어요.

양반 가문에서 태어난 서자

1539년, 허준은 대대로 무관인 집안에서 서자로 태어났어요. 허준의 아버지는 평안도 용천 지방에서 군수를 지낸 양반이었어요. 하지만 어머니는 평민 출신에 둘째 부인이었어요. 조선 시대에는 첫째 부인이 낳은 자식이 아니면 서자가 되어 사회적으로 차별받았어요. 아버지를 아버지라 부르지 못했고, 관리를 뽑는 문과 시험도 치를 수 없었지요.

다행히 허준의 아버지는 허준을 차별하지 않고 서당에 보내 글을 가르쳤어요. 어릴 적부터 허준은 총명했고 책 읽기를 좋아했어요.

"학자들이 남긴 글과 역사는 읽을수록 너무 재미있어!"

양반집 아이들에게 서자라고 무시당했지만, 그럴수록 더 열심히 글공부를 했어요.

어른이 된 허준은 마을에서 유명한 의원의 제자가 되었어요. 모두 낯선 환경이었지만 허준은 금방 의술에 푹 빠졌어요. 스승에게서 맥을 짚고 침을 놓는 법을 배우는 틈틈이 의학서를 읽었어요. 시간이 날 때면 약방에 있는 약재의 이름과 모양도 달달 외웠지요.

하루는 약초를 공부하려고 약초꾼을 따라 산에 올랐어요. 약초꾼이 단너삼을 발견했다며 허준을 불렀지요.

"단너삼이 뭔가요?"

"의원이 된다면서 약초 이름도 몰라요? 황기가 단너삼이잖아요."

허준은 그제야 똑같은 약초인데도 백성들이 부르는 이름과 의학서에 쓰인 이름이 서로 다르다는 걸 알았어요.

'중국에서 건너온 의학서와 의술이 많다 보니 백성들이 쓰는 이름과 많이 다르구나!'

이 사실을 깨달은 뒤로 허준은 더 열심히 공부했어요.

전염병으로 죽어 가는 백성들

1574년, 허준은 의관을 뽑는 내의원 시험을 통과했어요. 내의원은 왕과 왕실의 건강을 지키고 병을 치료하는 곳으로 내의원 의관이 된다는 것은 영광스러운 일이었지요. 왕과 왕의 가족을 잘 치료하면 큰 상을 받고 이름을 높일 수 있었어요. 그러나 허준의 목표는 돈과 명예가 아니었어요.

"진정한 의원이라면 신분이나 재산과 상관없이 환자를 잘 치료해야 해."

의관

내의원에 소속되어 의술을 담당하는 관리예요. 옛날에 의술로 병을 고치는 사람은 의원이라고 했어요. 조선 시대 의원은 양반과 평민 사이의 중인 신분으로, 사회적 지위와 위상이 그다지 높지 않았어요.

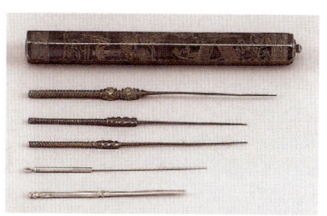

한의학 의료 기구인 침과 침을 보관하는 침통 (조선 시대)

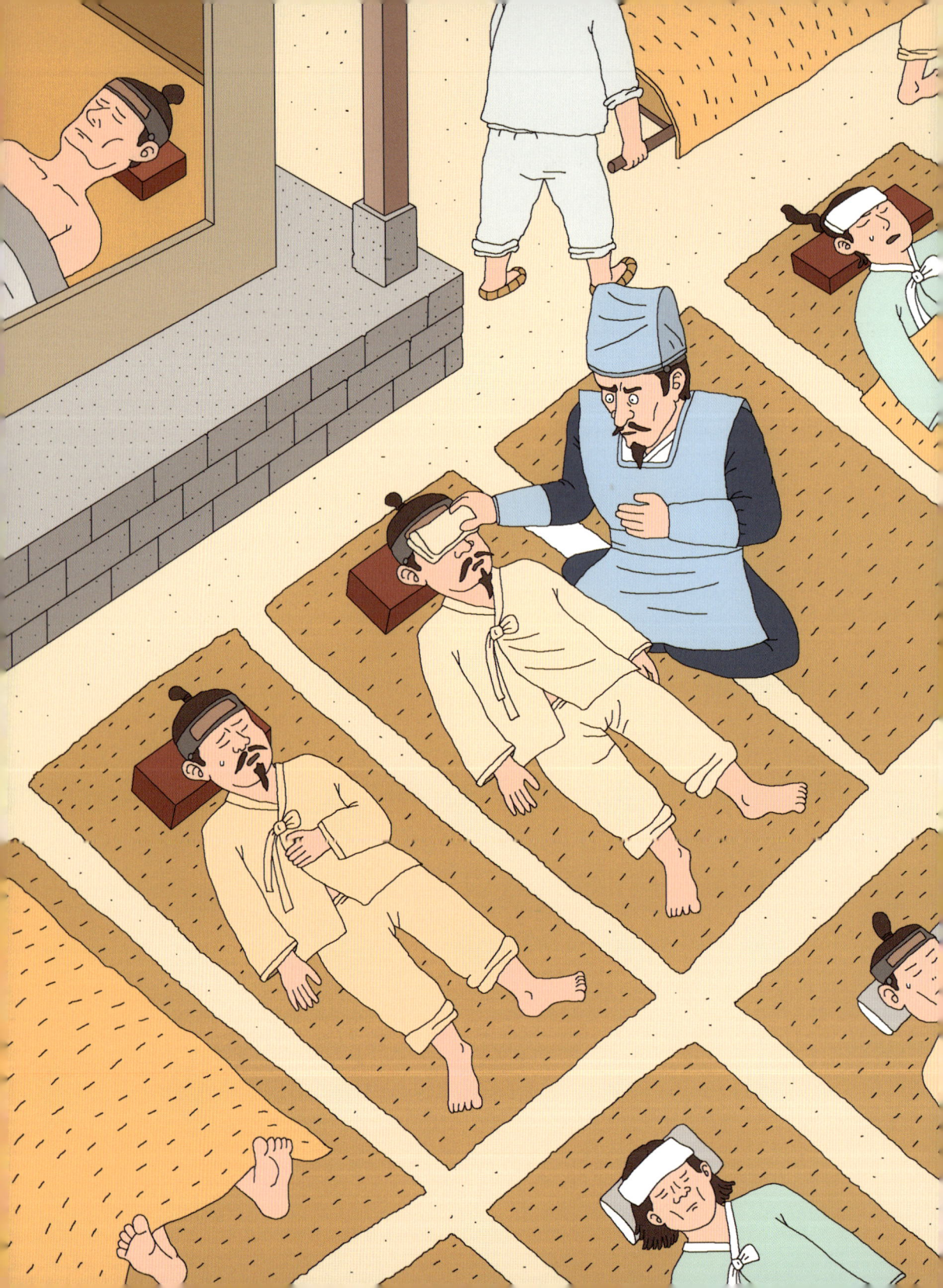

허준은 신분을 가리지 않고 환자를 정성껏 돌보며 묵묵히 내의원 생활을 했어요. 게다가 뛰어난 의술로 왕에게도 인정을 받았어요. 왕의 총애가 더욱 커지면서 허준은 서자인데도 불구하고 왕의 주치의인 어의가 되었어요.

1592년, 임진왜란이 일어났어요. 전쟁에 흉년까지 들어 백성들은 속수무책으로 죽어 갔어요. 전쟁이 끝난 뒤에는 전염병이 돌았지요. 가난하고 힘없는 백성들은 제대로 치료 한번 받지 못한 채 병을 앓다가 죽어 갔어요. 그 모습을 본 허준은 가슴이 찢어졌어요.

"조선 땅에는 백성이 기댈 수 있는 의술이 없구나!"

허준의 마음이 통한 걸까요?

어느 날, 왕이 허준을 불러 명을 내렸어요.

"백성들이 쉽게 볼 수 있는 의학서를 만들어 널리 나누어 주어라. 단, 세 가지 원칙이 있다. 첫째, 단순히 병을 고치는 것보다 병을 예방하는 방법을 더 중요하게 다루어라. 둘째, 처방은 간단하게 요점만 넣어라. 셋째, 쉽게 구할 수 있는 약재를 쓰고, 그 이름은 백성들이 알기 쉽게 하라."

"네, 명을 받들겠습니다!"

허준은 왕의 명을 받아 여러 내의원 의관들과 함께 새 의학서를 만들기 시작했어요. 그런데 1597년, 왜군이 다시 조선을 침략했어요. 허준은 어쩔 수 없이 잠시 책 만드는 일을 중단해야만 했어요.

조선의 의학을 우뚝 세우다

전쟁이 잦아들었지만 내의원 의관들은 뿔뿔이 흩어졌어요. 결국 허준은 혼자서 의학서를 만들기 시작했어요. 5백 권이 넘는 책을 전부 살피며 조선에 맞는 의학을 연구했지요. 우리 땅에서 구할 수 있는 약재를 찾아내고, 백성들이 이해하기 쉬운 말로 정리했어요.

한참 의학서를 쓰던 1608년, 다시 위기가 찾아왔어요. 왕이 큰 병을 얻어 세상을 떠난 거예요. 허준은 왕을 살리지 못했다는 죄로 유배를 가야 했어요. 누구보다 나라와 백성을 위한 허준이었지만, 신하들의 요구로 유배를 갈 수밖에 없었지요.

유배를 간 허준은 오로지 의학서를 쓰는 일에 매달렸어요. 평생을 걸쳐 연구한 조선의 의학을 정리할 수 있는 마지막 시간이라고 생각한 거예요.

1610년 8월, 마침내 책이 완성되었어요. 허준은 이 책에 '동의보감'이라는 이름을 붙였어요. 동쪽의 보배로운 의학으로 만물을 밝게 비춘다는 뜻이에요. 《동의보감》은 당시 모든 의학 지식을 허준이 독창적으로 정리한 의학서예요. 우리 몸의 구조를 비롯해 병의 원인과 증상, 치료하는 방법까지 알기 쉽게 설명되어 있었지요. 환자의 병을 꼭 낫게 하겠다는 허준의 마음과 정성이 담긴 거예요.

병을 치료하는 것만큼 미리 예방하는 일도 중요하게 생각한 허준

은 《동의보감》에 이렇게 기록했어요.

"사람의 몸은 한 나라와 같다."

우리의 몸을 나라에 비유한 거예요. 왕이 백성을 사랑하면 나라가 편안해질 수 있어요. 그러나 백성을 돌보지 않으면 나라가 망하고, 망한 나라는 온전한 나라로 회복하기 어려워요. 허준은 사람의 몸도 나라를 다스리는 일과 같다고 생각했어요. 그래서 병이 생기기 전에 몸과 마음을 잘 다스리고 보살피는 것이 건강을 유지하는 최고의 방법이라고 강조했어요.

1613년, 《동의보감》이 출간되어 백성들에게 전해졌어요. 허준이 처음《동의보감》을 쓰기 시작한 지 17년만의 일이었지요. 중국인들은《동의보감》을 '천하의 보물'이라며 칭찬했어요. 중국뿐 아니라 일본에서도 큰 인기를 끌며 조선 최고의 베스트셀러가 되었지요.《동의보감》을 쓴 뒤에도 허준은 백성을 위해 두 권의 의학서를 더 쓰고 77세의 나이로 세상을 떠났어요. 허준은 마지막까지 의학과 환자만을 생각한 조선의 진정한 의사였어요.

한눈에 쏙! 의학사 돋보기

한의학의 우수성을 알린 《동의보감》

　한의학은 우리나라 고유의 전통 의학이에요. 중국의 영향을 받아 오랜 역사를 거치면서 발전했어요. 한의학과 서양 의학은 질병을 바라보는 관점이 서로 달라요. 서양 의학은 병이 생기면 병이 일어난 원인을 찾아내어 증상이 나타난 부위를 치료해요. 그러나 한의학에서는 사람의 몸은 작은 우주이고, 자연의 원리를 따라 안팎으로 서로 연결되어 있다고 생각해요. 그래서 몸속 여러 장기와 조직, 마음, 주변 환경까지 두루 살펴본 뒤에 몸이 아픈 까닭을 진단하고 치료해요. 그러다 보니 증상이 나타나지 않은 다른 부위를 치료하기도 해요. 머리가 아픈데 배나 발에 침을 놓는 식으로 말이지요.

　《동의보감》은 한의학의 우수성을 널리 알린 의학서예요. 중국 의학서들은 병의 원인과 증상에 따라 목차를 잡았지만, 《동의보감》은 우선 우주와 사람을 살피고 그다음에 병을 다루고 있어요. 또 병이 생기기 전에 몸을 건강하게 관리하고 예방하는 것이 최고의 치료법이라고 강조해요. 400년이 넘은 오늘날까지도 《동의보감》은 시대와 국경을 넘어 여러 나라에서 읽히고 있어요. 2009년에는 유네스코 세계기록유산으로 선정되었고요. 뛰어난 의학적 내용뿐만 아니라 세계 최초로 일반인을 위해 쓰인 의학서라는 가치를 인정받은 것이랍니다.

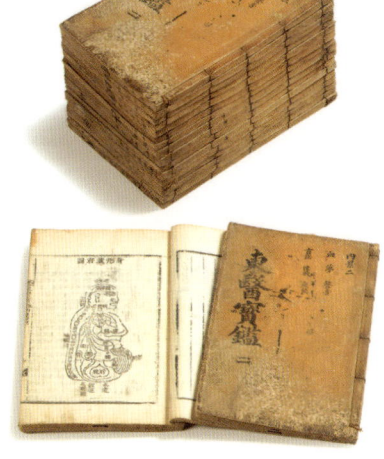

〈동의보감〉

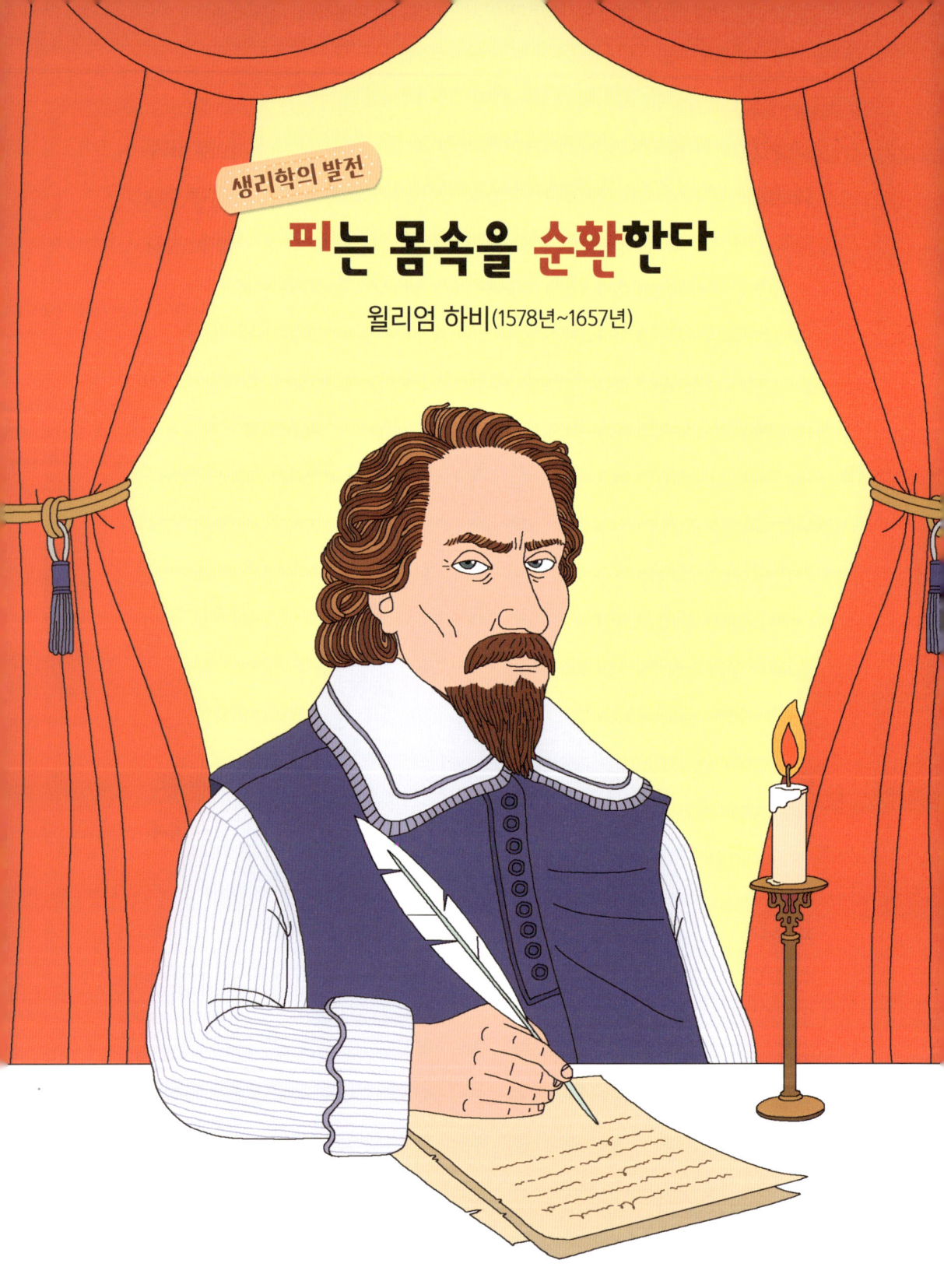

"심장은 정신이 깃든 장소이다."

갈레노스가 심장에 대해 정의한 말이에요. 갈레노스는 고대 서양 의학을 집대성한 위대한 의사였기 때문에 사람들은 이 말을 철석같이 믿었어요. 16세기 베살리우스가 해부를 통해 갈레노스의 수많은 잘못을 찾아냈지만 크게 달라지지 않았지요. 피에 관한 생각도 갈레노스가 말한 그대로 받아들였어요.

"음식물이 우리 몸속으로 들어가면 간에서 피로 바뀐다. 그 피는 정맥을 통해 흐르다가 몸 끝에서 없어진다."

갈레노스는 간에서 피가 만들어지고 이 피는 심장을 통해 온몸으로 갔다가 신체의 끝부분에서 없어진다고 주장했어요. 아무런 증거도 없었지만 갈레노스의 주장은 17세기까지 서양 의학계를 지배했어요. 그런데 갈레노스의 주장을 뒤흔들며 의학계에 큰 변화를 가져온 주인공이 등장했어요.

"피는 간에서 만들어지지도 않고, 없어지지도 않습니다!"

이 사람은 영국의 의학자 윌리엄 하비예요.

판막의 기능을 의심한 영국 의대생

윌리엄 하비는 1578년 영국 켄트주에서 아홉 형제 중 첫째로 태어났어요. 하비의 아버지는 무역으로 큰돈을 번 부유한 사업가였어요. 하비는 풍족한 환경에서 돈 걱정 없이 자랐지요. 열 살이 되자 왕립학교에 입학해 라틴어와 그리스어를 배웠어요.

"라틴어와 그리스어는 신기해. 언어를 공부하는 건 정말 흥미로워."

이때 공부한 라틴어와 그리스어는 훗날 하비가 의학을 공부하는 데 큰 도움이 되었어요. 의학을 공부할 때 사용한 교과서가 라틴어와 그리스어로 쓰인 게 많았거든요.

케임브리지 대학을 졸업한 하비는 1598년 이탈리아 파도바 대학으로 유학을 갔어요. 이탈리아는 14세기 르네상스 운동이 일어나면서 신보다는 인간을 중심으로 문화와 학문이 발달해 있었어요. 파도바 대학에서는 인체의 신비를 밝히기 위한 새로운 연구가 활발하게 이루어지고 있었어요.

하비는 해부학 교수이자 베살리우스의 제자인 파브리키우스 교수 밑으로 들어갔어요. 파브리키우스 교수는 정맥 판막의 존재를 알아내어 자세히 관찰했어요. 그렇지만 정맥 판막이 어떤 역할을 하는지는 알지 못했지요. 정맥 판막에 대해 공부하던 하비는 문득 갈레노스의 이론에 의문을 품게 되었어요.

'정맥 판막은 왜 저런 모양이지? 판막이 있으면 오히려 피가 흐르

기가 더 어렵지 않나?'

갈레노스는 피가 정맥을 통해 심장에서 몸의 끝부분으로 이동한다고 주장했는데, 하비가 본 판막의 방향은 자연스러운 피의 흐름을 막고 있었어요.

혈액 순환을 증명하다

유학을 마치고 케임브리지 대학으로 돌아온 하비는 심장과 혈액에 관한 연구를 시작했어요. 갈레노스의 이론이 맞는지 직접 확인해 보고 싶었거든요. 하비는 돼지나 토끼, 쥐 같은 동물뿐만 아니라 뱀도 해부했어요.

"체온이 높은 동물은 심장이 빨리 뛰어서 제대로 관찰할 수가 없어. 차가운 피를 가진 동물의 심장을 살펴봐야겠어."

판막
심장이나 혈관 속에서 열리거나 닫히며 피가 거꾸로 흐르는 것을 막는 역할을 하는 막으로 피가 한 쪽으로만 흐르도록 기능해요.

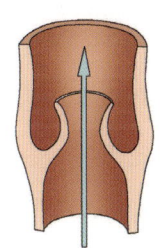
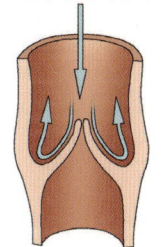

판막이 열려 있다. / 판막이 닫혀 있다.

피가 정상적으로 흐를 때 / 피가 거꾸로 흐를 때

정맥의 판막

하비는 천천히 뛰는 뱀의 심장을 유심히 보았어요. 심장에는 커다란 혈관인 동맥과 정맥이 연결되고 있고, 심장의 수축으로 맥박이 뛰고 있었어요.

"심장이 뛸 때마다 혈관이 펌프질을 하면서 피를 내뿜는구나!"

하비는 심장에서 흘러 나간 피가 어디로 향하는지도 궁금했어요.

"피가 흐르다가 몸의 끝부분에서 없어진다면 뱀에게 물렸을 때 독이 다리 아래로 퍼져야 해. 하지만 뱀의 독은 온몸으로 퍼지잖아. 혹시 피가 우리 몸을 빙빙 도는 게 아닐까?"

하비는 자신의 생각에 확신을 갖고 하나의 가설을 세웠어요.

"피는 몸속을 순환한다!"

가설은 임시로 내세우는 주장일 뿐이에요. 가설이 과학적인 이론이 되려면 관찰과 실험을 통해 증명이 필요해요. 구슬이 서 말이라도 꿰어야 보배라는 속담이 있지요.

하비는 자신이 세운 가설을 증명하기 위해 무려 80여 가지의 동물 심장을 해부하며 관찰했어요. 그것도 부족해 자신의 팔뚝에 직접 실험하기도 했지요. 하비는 결찰사라는 혈관을 묶는 끈으로 자신의 팔뚝을 묶은 다음 피의 흐름을 관찰했어요. 끈을 세게 묶었을 때는 끈 위쪽에 피가 모여 팔뚝 위쪽이 부풀어 올랐어요. 끈을 조금 풀러 중간 세기로 묶으면 끈 아래쪽으로 피가 모여 팔뚝 아래쪽이 부풀어 올랐지요.

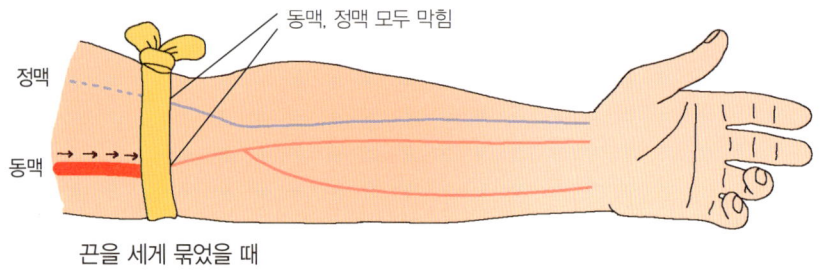

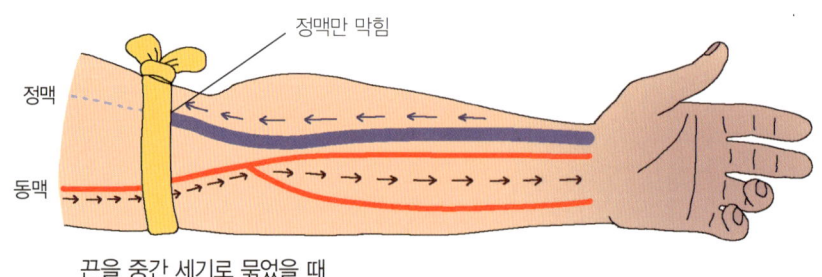

하비의 결찰사 실험

이러한 일은 왜 일어나는 걸까요? 답은 동맥과 정맥에 있었어요. 동맥은 정맥에 비해 상대적으로 팔 안쪽에 위치해 있어요. 따라서 세게 묶으면 동맥과 정맥이 모두 막히기 때문에 피가 끈 아래로 들어가지 못해요. 결과적으로 심장에서 가까운 끈 위쪽에 피가 모이게 되지요. 반대로 중간 세기로 묶으면 정맥만 막히기 때문에 피가 끈 위쪽으로 들어가지 못해 심장에서 먼 끈 아래쪽에 피가 모이는 거예요.

갈레노스의 이론을 반박한 하비

하비는 피의 양도 계산했어요. 심장이 한 번 뛸 때마다 약 56.6g의 피가 동맥으로 흘러갔어요. 심장은 1분 동안 평균 72회를 뛰었고요. 이를 한 시간으로 계산해 보면 심장에서 나가는 피의 양은 약 245kg이나 됐어요. 보통 사람의 몸무게보다 세 배가 넘는 양이에요.

"한 시간 동안 간이 만들기에는 너무 많은 양인데? 사라진 양만큼 피를 만들려면 우리는 하루 종일 먹고 또 먹어야 해. 말이 안 되잖아."

갈레노스의 주장이 엉터리라는 사실이 다시 확인된 거예요. 하비는 그동안의 관찰과 실험, 계산을 따져 본 끝에 최종 결론을 내렸어요.

"혈액 순환의 중심은 심장이야. 피는 심장에서 동맥을 통해 나간 뒤 정맥을 거쳐서 다시 돌아온다!"

하비는 실험 결과를 바탕으로 1628년 《동물의 심장과 혈액의 운동에 관한 해부학적 연구》라는 책을 발표했어요. 하지만 의학계는 피가 순환한다는 하비의 이론을 받아들이지 않았어요. 1500년 동안 권위를 유지한 갈레노스의 이론을

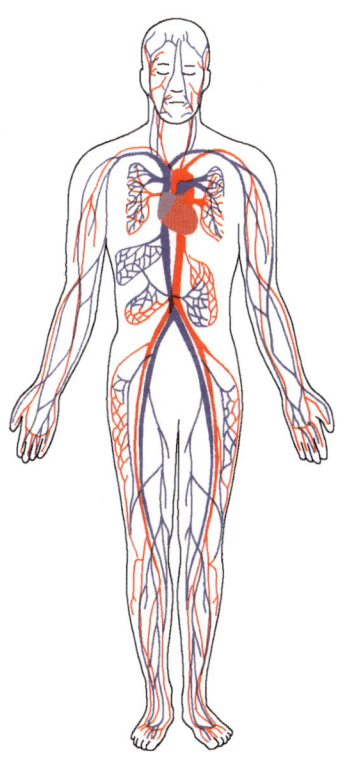

동맥(빨간색)과 정맥(파란색)

완전히 뒤집는 주장이었으니까요. 게다가 하비의 혈액 순환 이론은 완벽하지 않았어요. 동맥과 정맥이 어떻게 연결되어 있는지 설명하지 못했거든요. 끝내 하비는 이 숙제를 풀지 못한 채 세상을 떠났어요.

하비가 죽고 4년 뒤인 1661년, 이탈리아 해부학자 말피기가 현미경을 이용해 동맥과 정맥을 이어 주는 모세혈관을 발견했어요. 이로써 피가 온몸을 돈다는 하비의 주장이 옳았음이 밝혀졌어요. 비록 하비가 살아 있는 동안 인정받지는 못했지만, 하비의 발견은 사람의 몸을 구성하는 계통이 어떻게 연결되어 기능하는지를 보여 주었어요. 하비는 인체에 대해 처음으로 수학적인 연구와 해석을 시도했다는 점에서 근대 생리학의 문을 연 창시자로 인정받는답니다.

한눈에 쏙! 의학사 돋보기

혈액 순환의 원리

우리 몸에는 약 5~7리터의 혈액이 들어 있어요. 몸무게의 8%에 달하는 양이에요. 혈액에는 우리 몸이 필요로 하는 산소와 영양분이 있어요. 혈액은 혈관을 통해 불과 몇 분 만에 온몸을 한 바퀴 돌아요. 빠른 속도로 이동한 혈액은 몸의 각 기관에 산소와 영양분을 공급하면서 우리 몸이 제 기능을 할 수 있게 만들지요. 또 쓸모없게 된 노폐물은 콩팥으로 전달해 소변과 함께 노폐물이 몸 밖으로 빠져나가도록 해요.

혈액은 혼자 힘으로 움직일 수 없어요. 혈액이 우리 몸을 돌아다니기 위해서는 누군가의 힘이 필요한데, 바로 심장이에요. 심장은 보통 자신의 주먹만 한 크기로 전체가 근육으로 되어 있어요. 이 근육이 수축과 이완을 반복하면서 혈액이 몸속을 순환할 수 있게 해요.

심장의 좌심실에서 나온 혈액은 대동맥, 온몸의 모세 혈관, 대정맥을 거쳐 심장의 우심방으로 돌아오고, 다시 심장의 우심실에서 나온 혈액은 폐동맥, 폐의 모세 혈관, 폐정맥을 거쳐 심장의 좌심방으로 돌아와요.

만약 혈액이 제대로 순환하지 못하면 몸의 각 기관은 제대로 기능할 수 없어요. 결국 병이 생기거나 몸이 썩게 돼요. 그래서 혈액 순환은 건강을 나타내는 중요한 지표예요.

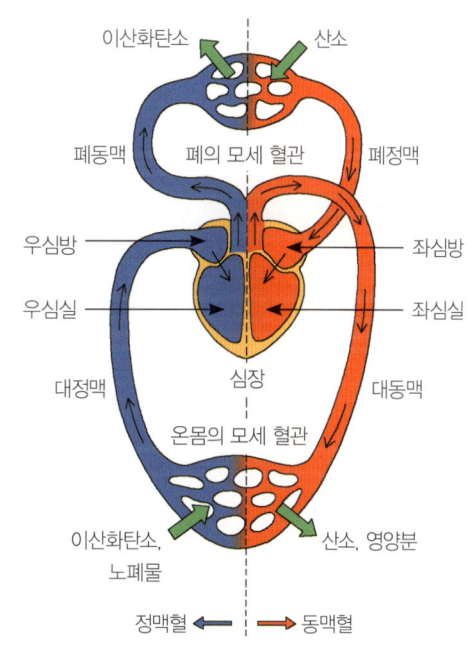

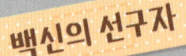

백신의 선구자

예방 접종을 하면 두창을 막을 수 있다

제너(1749년~1823년)

두창은 두창 바이러스가 일으키는 전염병으로 천연두라고도 해요. 두창은 인류가 존재한 만큼 오래되었어요. 약 3천 년 전에 숨진 고대 이집트 미라에서도 두창 흔적이 남아 있을 정도예요. 우리나라 옛 조상들은 두창을 마마 또는 손님이라고 부르며 두려워했어요.

　두창에 걸리면 온몸에 열이 나면서 붉은 반점이 생겨요. 반점에서 물집이 생기면 열이 높이 오르면서 순식간에 목숨을 잃었어요. 운 좋게 살아남아도 얼굴에 울퉁불퉁한 흉터 자국이 생겨 곰보라는 놀림을 받기도 했지요. 두창은 전염성이 매우 강했고, 특히 면역력이 약한 아이들에게 아주 치명적이었어요. 치료할 수 있는 약이 없었기에 아이가 두창에 걸리면 부모는 발만 동동 굴렀어요.

　"제발 우리 아이 좀 살려 주세요."

　약은 없었지만 사람들은 오랜 경험을 통해 두창을 한 번 앓고 나면 다시 걸리지 않는다는 사실을 알게 되었어요. 영국의 의사, 에드워드 제너는 바로 이 점에 주목해서 두창을 예방할 수 있는 방법을 찾아냈어요.

　"예방 접종을 하면 두창을 막을 수 있다."

우두에서 얻은 힌트

에드워드 제너는 1749년 영국 버클리에서 목사의 아들로 태어났어요. 어릴 적부터 자연에 관심이 많았던 제너는 새알, 곤충, 화석 등을 열심히 수집했어요. 뻐꾸기가 자기의 알을 다른 새의 둥지에 넣어 기른다는 사실도 관찰했지요.

스무 살이 된 제너는 런던의 유명한 외과 의사 헌터의 견습생이 되었어요. 열심히 의학을 공부한 뒤 고향으로 내려가 병원을 열었지요. 제너는 환자를 치료하는 틈틈이 동물을 관찰하고, 의학 실험을 하기도 했어요.

그러던 어느 날, 영국에 두창이 유행하면서 제너가 사는 마을까지 퍼졌어요. 공기나 접촉으로 쉽게 전염되어 해마다 수십만 명이 두창에 걸려 숨졌어요.

가슴과 팔에 물집이 잡힌 두창 환자
(국립보건의료박물관)

"두창 환자가 갈수록 늘어나고 있어. 이러다가 마을 사람 전부 죽겠어."

병을 잘 고치기로 소문난 제니였지만 두창만큼은 손쓸 방법이 없었어요. 제너는 답답해서 속만 끓였지요. 그러던 어느 날, 목장 일꾼들에게서 이상한 소문을 들었어요.

"우두에 걸렸던 사람은 두창에 걸리지 않는대."

순간 제너의 귀가 번쩍 트였어요. 우두는 소가 걸리는 질병으로 두창의 사촌 격이에요. 소젖을 짜는 사람들은 우두에 쉽게 전염됐지만 피부에 물집이 생겼다가 금방 사라질 뿐이었어요. 그런데 이 사람들이 우두에 걸린 뒤로는 두창에 걸리지 않았다는 거예요.

"소문이 진짜인지 직접 확인해야겠어."

제너는 목장으로 달려가 소젖을 짜는 사람들을 만났어요. 그런데 정말로 소젖을 짜는 사람들은 두창에 걸리지 않았어요.

"우두에 감염됐던 사람은 두창에 걸리지 않는구나! 하지만 이건 우

59

연일 수 있어. 경험만 있을 뿐 의학적인 증거가 없으니까. 우두를 이용해서 두창을 막을 수 있는지 밝혀내야겠어."

두창 백신을 개발하다

제너는 본격적으로 두창을 예방할 수 있는 방법을 연구하기 시작했어요. 우두에 걸렸던 사람들의 사례를 모으고 두창에 걸린 환자들도 직접 만나 봤어요. 그러나 이 정도로는 부족했어요. 제너는 실험을 통해 자신의 생각이 옳은지 증명하고 싶었어요. 하지만 문제가 있었어요. 목숨을 걸고 위험한 실험에 참여하겠다는 사람을 찾을 수 없었던 거예요.

그러던 어느 날, 존 필립이라는 62세의 노인이 제너를 찾아왔어요.
"당신 실험에 참가하겠소. 나는 아홉 살 때 우두에 걸린 적이 있으니 걱정 마시오."

제너는 두창 환자의 상처 부위에서 고름을 뽑아 존의 몸에 넣었어요. 존의 몸에서는 약한 발진이 나타났지만 곧 괜찮아지셨지요. 한 번 우두에 감염됐던 사람은 두창에 걸리지 않는다는 사실이 밝혀진 거예요.

이제 다음 단계로 나아갈 차례였어요. 제너는 소젖을 짜다가 우두에 감염된 하녀의 종기에서 고름을 얻었어요. 누군가에게 우두 고름을 넣어 볼 차례였어요. 이때 제임스 핍스라는 여덟 살 소년이 용감

하게 나섰어요. 제임스는 제너의 집에서 일하는 가정부의 아들이었어요.

제너는 제임스의 팔에 작은 상처를 내고 우두 고름을 묻혔어요. 며칠 후 제임스는 열이 나고 작은 종기가 생겼지만 증상은 금방 가라앉았어요. 6주 뒤 제너는 제임스에게 두창 환자에게서 얻은 고름을 넣었어요. 아무런 증상이 나타나지 않았지요. 실험을 되풀이했지만 제임스는 두창에 걸리지 않았어요.

"예방 접종을 하면 두창을 막을 수 있다!"

제너가 환하게 웃으며 외쳤어요. 1798년, 제너는 자신의 연구 결과를 논문으로 발표했어요. 인류 최초의 백신인 두창 백신이 세상에 처음 소개된 순간이었지요. 제너의 우두 실험은 '종두법'으로 불리며 백신 연구에 큰 영향을 미쳤어요.

  1980년 5월, 세계보건기구는 지구상에서 두창이 완전히 사라졌다고 발표했어요. 이로써 전 세계가 두창의 공포에서 해방되었어요.

한눈에 쏙! 의학사 돋보기

병으로 병을 물리친다, 백신의 원리

가끔은 아프지 않아도 주사를 맞을 때가 있어요. 이 주사는 나중에 큰 병이 생기지 않도록 예방하려고 맞는 거예요. 이 주사약 안에 들어 있는 물질이 바로 '백신(vaccine)'이에요. 백신이라는 말은 프랑스 과학자 루이 파스퇴르가 '암소'를 뜻하는 라틴어 '바카(vacca)'에서 따왔어요. 제너가 고안한 종두법에서 예방 접종이 출발했기 때문에 그와 관련된 단어로 이름을 붙인 거예요. 병에 걸린 뒤 치료하는 것보다 병에 걸리기 전에 미리 예방하면 더 효과적이기 때문에 백신은 인류의 건강에 큰 도움이 되었어요.

그렇다면 백신은 어떻게 병을 물리칠까요? 먼저 약한 병균이나 죽은 병균을 넣어 주사약을 만들어요. 이를 우리 몸에 넣으면 몸속의 면역 세포들이 병균에 대항하는 '항체'를 만들어요. 이렇게 만들어진 항체는 외부에서 그 균이 들어와도 맞설 수 있는 면역력을 길러 줘요. 한 번 항체가 생기면 같은 종류의 병균이 다시 들어와도 물리칠 수 있어요.

우리 몸을 지켜 주는 백신은 병에 걸리기 전에 맞아야 효과가 있어요. 그러니 예방 접종을 빼먹지 말아야겠죠. 질병에 맞서는 최고의 공격은 예방이라는 점을 잊지 말아요.

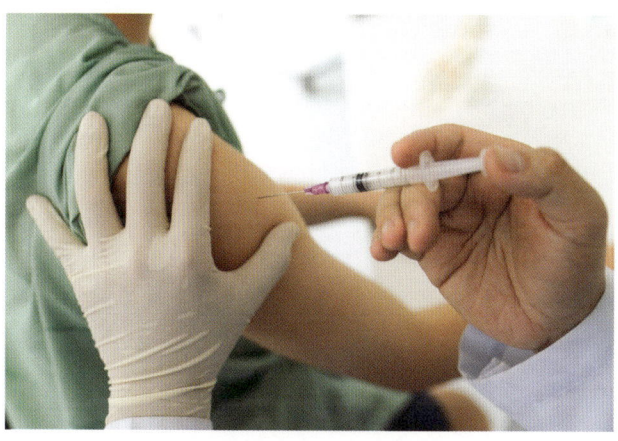

우리는 몸이 아프면 자연스럽게 병원에 가요. 병원은 아주 깨끗한 환경에서 적절한 치료를 해 주는 곳이니까요. 그러나 약 200년 전만 해도 병원은 오히려 병을 키우는 곳이었어요.

"병원은 죽음의 집이야. 차라리 집에서 치료하는 게 훨씬 안전해."

19세기 병원은 죽음의 그림자로 가득했어요. 침대 시트에는 토한 자국이 곳곳에 남아 있고, 복도에서는 소변과 정체를 알 수 없는 냄새가 뒤섞여 코를 찔렀어요. 멀쩡하던 사람도 병원에 가면 죽어 나온다는 말이 있을 정도였어요.

의사도 소독과 위생에 대한 개념이 없었어요. 수술실의 벽과 바닥은 온통 피범벅이었고 의사들은 손도 씻지 않고 수술했어요. 더러운 환경에서 수술을 받던 환자들은 세균에 감염되어 목숨을 잃었어요. 아직 세균의 존재가 증명되기 전이라 무엇이 잘못되었는지 모른 채 말이에요.

이 무렵 산부인과에서 일하던 제멜바이스는 의사의 더러운 손이 질병을 전파한다고 생각했어요. 그래서 손을 씻으면 산모가 감염병에 걸리는 것을 막을 수 있다고 주장했지요. 세상에 손 씻는 일의 중요성을 알려 준 제멜바이스를 만나 볼까요?

산모들이 숨지는 죽음의 병원

　제멜바이스는 1818년 헝가리의 수도 부다페스트에서 상인의 아들로 태어났어요. 아홉 형제 중 다섯째인 제멜바이스는 모범생이었어요. 머리도 뛰어나 오스트리아 빈 대학에서 법학을 전공했지요. 그런데 법에는 영 흥미가 생기지 않았어요. 그보다는 자꾸 의학에 관심이 갔어요.

　"법을 배우는 것도 좋지만 사람의 생명을 구하는 일이 더 보람돼. 전공을 의학으로 바꿔야겠어."

　의학을 공부한 제멜바이스는 1846년 오스트리아 빈 종합 병원에서 산부인과 의사로 일했어요. 당시 지위가 높은 여성들은 집으로 의사를 불러 출산했지만 일반 가정에서는 병원에 와서 아기를 낳았어요. 그런데 이 병원에서는 괴상한 소문이 떠돌았어요.

　"제1병동에 입원하면 안 돼. 죽음의 귀신이 떠돌고 있거든."

　빈 종합 병원의 산부인과 병동은 두 개로 나뉘어 있었어요. 제1병동은 의사와 의대생들이 근무했고, 제2병동은 출산을 도와주는 조산원들이 맡았어요. 그런데 제1병동에 입원한 산모들이 더 많이 죽는다는 소문이 돈 거예요.

　다른 의사들은 코웃음을 쳤지만 제멜바이스는 뜬소문으로 넘기지 않았어요. 직접 산모가 사망한 수를 조사했지요. 의사들이 맡은 병동에서는 산모 100명 중 10명이 산욕열로 숨진 반면, 조산원이 맡은 병

동에서는 100명 중 3명이 죽은 사실을 알아냈어요.

"이상하다. 두 병동이 공기나 치료 방법이 비슷한데 왜 조산원보다 의학 지식이 풍부한 의사들이 맡은 병동에서 더 많은 산모가 죽는 걸까?"

제멜바이스는 두 병동의 사망률이 다른 이유를 꼭 밝히고 싶었어요. 그래야 안타깝게 숨지는 산모들의 생명을 지킬 수 있으니까요.

"분명 산욕열을 일으키는 원인은 따로 있어. 내 손으로 산욕열의 원인을 밝혀 산모들의 생명을 구할 거야."

해부실에서 찾은 실마리

1847년, 제멜바이스는 동료 의사 콜레츠카와 산욕열로 죽은 산모를 부검하고 있었어요.

"으악!"

콜레츠카가 실수로 손가락이 베여 상처를 입었어요. 바로 치료했지

산욕열

출산 과정에서 난 상처 속으로 세균이 들어가 감염을 일으키는 병이에요. 38℃ 이상의 고열에 시달리다가 적절한 치료를 받지 못하면 목숨을 잃었어요. 1862년, 파스퇴르가 실험을 통해 세균의 존재를 증명하기 전까지 산욕열에 걸리는 원인을 알지 못했어요.

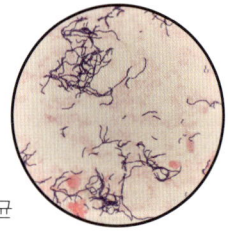

산욕열, 패혈증 등을 일으키는 연쇄상구균

만 콜레츠카는 산욕열과 똑같은 증상을 보이다가 끝내 숨졌어요. 제멜바이스는 이 일을 계기로 중요한 실마리를 얻었어요.

"분명 시체의 무언가가 손의 상처로 들어가 병을 일으킨 거야!"

제멜바이스는 해부실을 조사하면서 의사와 의대생들의 행동도 주의 깊게 지켜봤어요. 그러던 어느 날, 부검을 하던 의사가 손을 씻지도 않은 채 분만실로 향하는 모습을 봤어요. 의사의 손과 옷에는 더러운 피와 오물이 잔뜩 묻어 있었지요.

"방금 시신을 만지고 나오지 않았나? 그 손으로 아이를 받을 텐가?"

제멜바이스의 지적에 의사는 불쾌감을 내비쳤어요.

19세기 수술 장면을 그린 토마스 에이킨스의
〈그로스 박사의 클리닉〉, 1875년

"한시가 급한데 손 씻을 시간이 어딨나? 열심히 일한 사람에게 너무 무례하군."

당시 유럽 의사들에게 피와 고름이 묻은 손은 열심히 일했음을 증명하는 훈장과 같았어요. 수술 경험이 많다는 것을 보여 주기 위해 손을 씻지 않았을 뿐만 아니라 수술 가운도 빨지 않았지요. 제멜바이스는 의사의 더러운 손이 산욕열을 일으키는 원인이라고 생각했어요.

"시체의 어떤 물질이 의사 손에 묻어 있다가 산모의 몸속으로 들어가 산욕열을 일으킨 거야. 조산원들은 시체를 만질 일이 없으니 산욕열 감염이 거의 일어나지 않았던 거지."

생명을 살리는 위생 규칙

불결한 손이 질병을 전파한다고 생각한 제멜바이스는 한 가지 규칙을 정했어요.

"병실에 들어오는 의사는 반드시 손을 씻어야 한다."

제멜바이스는 손을 소독할 수 있도록 분만실 앞에 염화칼슘액이 담긴 대야를 놓았어요. 과연 제멜바이스의 손 씻기 제안은 효과가 있었어요. 의사 병동에서도 산욕열로 죽는 산모의 수가 크게 줄었지요. 1년 후에는 제2병동과 비슷한 수준이 되었어요.

"역시 내 생각이 맞았어. 손을 깨끗이 씻으면 병을 막을 수 있어."

1861년, 제멜바이스는 《산욕열의 원인·개념·예방》이라는 책을 펴내 손 씻기의 중요성을 알렸어요. 그러나 동료 의사들과 의학계는 제

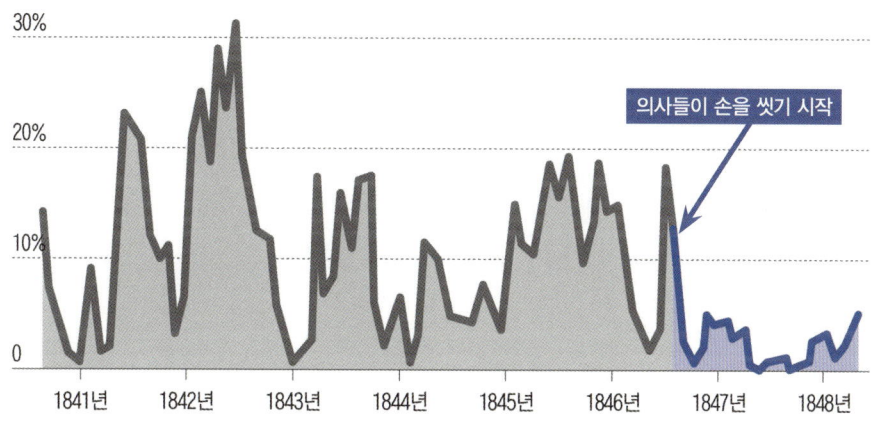

제1병동의 산모 사망률

멜바이스의 주장을 조롱하고 무시했어요. 당시는 나쁜 공기가 질병을 일으키거나 체액의 불균형으로 병이 발생한다고 생각하던 때였어요.

"제멜바이스는 엉터리 의사야. 그까짓 손을 씻는다고 산모를 살릴 수 있다는 게 말이 돼?"

오늘날에는 누구나 위생을 위해서 손을 잘 씻어야 한다는 걸 알고 있어요. 하지만 이 간단한 손 씻기를 당시 의사들은 거부했어요. 의사들 때문에 병이 퍼지고 환자가 사망한다는 사실을 인정할 수 없었기 때문이에요. 결국 제멜바이스는 병원에서 쫓겨나 고향인 헝가리에서 생을 마감했어요.

그렇지만 제멜바이스의 노력은 헛되지 않았어요. 제멜바이스가 발견한 손 씻기는 19세기 후반부터 병원에서 세균 감염을 예방하는 가장 중요한 방법으로 인정되었어요. 오늘날 제멜바이스는 수많은 산모와 아이의 생명을 살린 '어머니들의 구세주'라는 명예로운 호칭으로 불리고 있어요.

🏥 한눈에 쏙! 의학사 돋보기

감염 예방의 시작, 손 씻기

　우리 인체에 들어와 병을 일으키는 존재는 눈에 보이지 않는 미생물이에요. 병을 일으키는 대표적인 미생물로 세균과 바이러스가 있어요. 세균은 가장 미세한 생물로 스스로 에너지와 단백질을 만들며 생존해요. 바이러스는 생물과 무생물의 중간 형태로 스스로 물질대사를 할 수 없어서, 다른 생물의 세포 속에 들어가 자신을 복제하면서 증식해요. 우리의 손에는 두 눈으로 볼 수 없는 세균이나 바이러스 등의 병원체가 아주 많이 살고 있어요. 우리가 손을 자주 씻지 않는다면 손에 있는 병원체가 다른 사람, 또는 주변으로 옮겨 가겠죠. 또한 손으로 눈이나 코를 문지르거나 피부를 긁으면 병원체가 우리 몸 안으로 침투해 병을 일으켜요. 그러니까 평소에 손을 잘 씻는 게 중요해요.

　비누로 손을 잘 씻으면 각종 세균과 바이러스를 99% 죽일 수 있어요. 감기를 예방하는 데도 손을 자주 씻는 것이 으뜸이에요. 1980년대부터 미국 질병통제예방센터는 감염병의 확산을 막기 위해 손 위생을 적극 권장하고 있어요. 코로나19를 겪으면서 손 씻기는 감염병을 예방하는 쉽고, 가장 효과적인 위생법으로 인정받았지요.

❶ 손바닥을 마주 대고 문질러요.

❷ 손등과 손바닥을 마주 대고 문질러요.

❸ 손깍지를 끼고 손가락 사이를 문질러요.

❹ 손가락을 마주 잡고 위아래로 문질러요.

❺ 엄지손가락을 다른 손바닥으로 돌려 가며 문질러요.

❻ 손바닥에 대고 손톱 아랫부분을 문질러요.

올바른 손 씻기

미생물학의 아버지
미생물이 질병을 발생시킨다
파스퇴르 (1822년~1895년)

"이게 뭐야? 세상에 이렇게 작은 벌레가 있다니……."

네덜란드의 포목상이었던 레이우엔훅은 직접 만든 현미경으로 물속을 보다가 깜짝 놀랐어요. 물속에는 두 눈으로 볼 수 없는 아주 작은 생명체가 수없이 많았거든요. 이 작은 생명체는 우리가 미생물이라고 부르는 존재였어요.

17세기에 처음 미생물이 발견되었지만 미생물에 대한 연구는 더 발전하지 않았어요. 미생물의 형태가 다양한 것도, 우리 몸을 아프게 하는 미생물이 있는 것도 몰랐지요. 무려 200년이 지난 19세기에도 미생물은 저절로 생겨난다고 믿고 있었어요. 생명이 저절로 생긴다는 '자연 발생설'이 지배적이었어요.

"썩은 고기를 내버려 두면 구더기가 저절로 생기지. 그게 바로 증거야."

그런데 19세기에 들어서면서 자연 발생설에 반박하는 사람들이 나타났어요. 그중에는 정교한 실험을 통해 자연 발생설이 옳지 않음을 증명한 과학자도 있었어요.

"생명은 저절로 생기지 않습니다. 미생물은 무언가를 썩게 만들기도 합니다."

자연 발생설을 반박하고 미생물의 정체까지 알아낸 이 사람은 프랑스의 과학자, 루이 파스퇴르예요.

실험실의 과학 수사관

루이 파스퇴르는 1822년 프랑스 동부의 작은 마을에서 태어났어요. 파스퇴르의 아버지는 동물 가죽을 다듬어 물건을 만드는 일을 했어요. 자신의 일을 좋아했지만 아들이 이 일을 이어받기보다는 열심히 공부해 성공하기를 바랐지요.

파스퇴르는 학교 성적이 뛰어난 모범생은 아니었어요. 대신 호기심이 많고 그림 그리기를 좋아했어요. 가족과 친구들의 얼굴을 관찰해 초상화를 즐겨 그리며 화가를 꿈꿨지요. 그러나 이 꿈은 이룰 수가 없었어요. 열여섯 살에 아버지 뜻에 따라 파리 고등 사범 학교에 입학했거든요. 그곳에서 우연히 최고의 화학자 뒤마 교수의 강의를 듣게 되었어요. 파스퇴르는 뒤마 교수의 열정적인 강의를 들으며 큰 감동을 받았어요.

"화학이 이렇게 재밌는 학문이었구나. 나도 화학을 열심히 공부해서 뒤마 교수처럼 유명한 과학자가 될 거야."

과학에 푹 빠진 파스퇴르는 화학과 함께 물리학을 전공해 교수가 되었어요. 파스퇴르는 특히 실험하는 것을 좋아했어요.

"학생들을 가르치는 일도 보람되지만, 새로운 가설을 세우고 증명하는 일이 훨씬 재미있어. 교수보다는 실험 연구를 계속해야겠어."

파스퇴르는 실험실에만 들어서면 과학 수사관처럼 변했어요. 물질을 구성하는 성분이 무엇인지, 물질이 화학 반응에 따라 어떻게 만들어지고 변형되는지 열심히 탐구하고 관찰했어요. 연구를 통해 과학 역사에 자신의 이름을 남기고 싶다는 꿈을 꾸었지요.

미생물의 정체를 밝힌 플라스크 실험

1854년, 파스퇴르는 유명한 릴 대학에서 화학과 교수가 되어 있었어요. 어느 날, 포도주를 만드는 양조업자가 찾아와 하소연을 늘어놓았어요.

"포도주가 너무 빨리 상하는데, 그 원인을 모르겠어요."

파스퇴르의 과학 수사 본능이 되살아났어요. 바로 포도주 공장으로 달려가 포도주가 만들어지는 과정을 살펴봤지요. 포도주 병도 연구실로 가져와 현미경으로 관찰했어요. 연구를 거듭한 끝에 미생물

이 포도주 맛을 변하게 만든다는 사실을 발견했어요.

"포도주를 상하게 만든 범인은 이 미생물이었어. 그렇다면 이 미생물을 모두 죽이면 상할 일도 없지 않을까?"

얼마 뒤 파스퇴르는 포도주를 상하지 않게 만들 수 있는 방법을 찾아냈어요. 포도주를 상하게 만드는 특정 미생물을 미리 없애고, 대신 포도주를 맛있게 만들어 주는 미생물을 포도주 병에 넣는 방법이었어요.

파스퇴르는 갈수록 미생물에 대한 관심이 커졌어요.

"미생물은 어떻게 생기는 거지? 정말 저절로 생기는 걸까?"

파스퇴르는 자연 발생설에 의심을 품었어요.

1862년, 파스퇴르는 미생물이 어떻게 생기는지 밝히기 위해 아주 유명한 실험을 했어요. 바로 '백조목 플라스크 실험'이에요. 플라스크에 고기 수프를 넣고 플라스크 목 부분을 가열해 길게 S자 모양으로 구부려요. 마치 백조의 목처럼요. S자로 변한 플라스크 안의 고기 수프를 불로 가열해요. 그러면 오랜 시간 둬도 고기 수프가 상하지 않아요. 고기 수프를 끓일 때 나온 수증기가 플라스크 목 부분에 맺혀 미생물이 들어오지 못하도록 막아 주거든요.

"내 예상대로 공기 중에는 미생물이 살고 있어. 이들이 생명체를 썩게 만드는 거야."

드디어 밝혀진 질병과 미생물의 관계

파스퇴르는 콜레라에 걸린 닭을 연구하면서 미생물이 몸속에 들어오면 질병을 일으킨다는 사실도 알아냈어요. 닭, 오리 등 날짐승에게 생기는 '가금 콜레라'는 많은 사람을 죽음으로 몰고 간 콜레라와 비슷한 전염병이에요. 감염된 닭은 몸이 부풀어 오르면서 하루나 이틀만에 죽어 버려요.

파스퇴르는 가금 콜레라에 걸린 닭에게서 피를 뽑아 수프에 떨어뜨렸어요. 그러자 수프 안에서 미생물이 엄청나게 번식했어요. 파스퇴르는 그 미생물을 건강한 닭에게 주사했어요. 그랬더니 몇몇 닭이 가금 콜레라 증상을 보였지요. 그 순간 파스퇴르는 외쳤어요.

"미생물이 질병을 발생시킨다!"

미생물은 세균과 바이러스, 곰팡이 등 다양한 형태로 존재해요. 파스퇴르는 세균이 몸속에 들어오면 질병을 일으킨다는 사실을 알아낸 거예요.

가금 콜레라의 원인을 알아낸 파스퇴르는 예방할 수 있는 백신도 개발했어요. 파스퇴르는 제너의 종두법을 떠올렸지요. 먼저 약한 가금 콜레라균을 건강한 닭에게 접종했어요. 며칠 후, 강한 가금 콜레라균을 약한 균을 접종했던 닭과 아무것도 접종하지 않은 일반 닭에게 주사했어요. 그러자 일반 닭은 가금 콜레라에 걸린 반면, 약한 균을 접종한 닭은 조금 앓다가 금방 나았어요.

"약해진 세균으로 병을 가볍게 앓고 나면 그 병에 대한 면역력이 생기는구나."

그 뒤로도 파스퇴르는 비슷한 연구와 실험을 통해 탄저병, 광견병 등 무시무시한 질병의 백신을 만들며 많은 생명을 구했어요.

파스퇴르의 라이벌, 독일 세균학자 코흐

파스퇴르가 젊은 과학자로 명성을 높이던 1843년, 독일에서도 강력한 라이벌이 태어났어요. 바로 의사이자 미생물학자인 로베르트 코흐예요. 코흐는 5세부터 신문을 보고 글을 깨우칠 만큼 똑똑한 아이였어요. 괴팅겐 대학에서 의학을 공부한 후 의사로 일했지만, 아내한테 선물 받은 현미경으로 미생물 연구에 빠져들었지요.

코흐가 현미경으로 처음 찾아낸 건 탄저균이었어요. 그 뒤로도 코흐는 결핵, 콜레라를 일으키는 원인이 되는 세균을 차례로 찾아냈어요. 병을 일으키는 세균의 발견은 의학의 역사에서 엄청난 사건이었어요. 특정한 세균이 특정한 질병을 일으킨다는 사실을 처음으로 증명해 냈기 때문이에요.

질병의 원인에 대해 명확히 알게 되면서 질병의 예방법이나 치료법도 보다 정확해졌어요. 코흐는 결핵균을 발견한 공로를 인정받아 1905년 노벨 생리의학상을 받았어요. 코흐는 세균학 연구의 기본이 되는 원칙을 내놓았고, 이 원칙은 후배 과학자들에게 큰 도움을 주며 세균학 연구의 기본이 되었어요.

코흐

파스퇴르

진단 의학

해부를 하지 않고도 몸속을 볼 수 있다

뢴트겐(1845년~1923년)

몸에 이상이 생기면 정확한 원인을 알기 위해 진단이 필요해요. 하지만 사람의 몸속에 생긴 질병은 눈에 보이지 않기 때문에 진단하기가 쉽지 않아요.
고대 의학자 히포크라테스는 아픈 부위를 눌러 보거나, 환자에게 증상을 물어서 확인했어요. 혹은 얼굴색을 보거나 호흡을 살피고, 콧물이나 대소변의 상태를 보면서 병을 진단했지요.
"호흡이 거칠고 얼굴색은 검은빛을 띄고 있어. 콧물도 너무 진득거려."
이러한 진단 방법은 정확하지 않아서 증상을 치료하는 데 여러 가지 어려움이 많았어요. 환자를 가상 성확하게 신난하려면 몸속을 살펴봐야 했지요. 그러나 해부를 하지 않고서는 몸속을 들여다볼 방법이 없으니 의사들은 고민이 컸어요.
"속 시원하게 몸속을 들여다볼 수 있다면 정확히 진단할 수 있을 텐데……."
이 고민을 단번에 해결한 것이 '엑스선'이에요. 엑스선의 등장으로 몸의 비밀을 들여다볼 수 있는 획기적인 진단 방법이 생긴 거예요. 이 놀라운 엑스선을 발견한 사람은 독일의 물리학자, 빌헬름 뢴트겐이에요.

운명의 시험처럼 꼬인 학창 시절

뢴트겐은 1845년 독일의 직물업자 집안에서 외동아들로 태어났어요. 세 살 무렵 부모님과 네덜란드로 이사해 어린 시절을 보냈어요. 운동을 좋아하고 장난기 많았던 뢴트겐은 성적이 중간 정도로 공부에 뛰어난 아이는 아니었어요. 고등학생이 된 어느 날, 뢴트겐은 친구가 학교 선생님을 우스꽝스럽게 그리는 모습을 보았어요. 교장 선생님은 뢴트겐을 불러 누가 그렸는지 말하라고 강요했지요.

'친구를 고자질할 수 없어. 배신자가 되느니 침묵하겠어.'

결국 뢴트겐은 친구를 보호하려다 퇴학을 당했어요. 고등학교 졸업장이 없다 보니 독일과 네덜란드에서는 입학할 수 있는 대학교가 없었어요.

'계속 공부를 하고 싶은데 좋은 방법이 없을까?'

뢴트겐은 수소문 끝에 스위스의 취리히 공업 대학이 시험만 통과하면 입학할 수 있다는 사실을 알아냈어요. 어렵게 취리히 공업 대학에 들어간 뢴트겐은 물리학과 실험에 재미를 느껴 푹 빠졌어요. 졸업 후에는 유명한 물리학자인 쿤트 교수의 실험 조교로 일하며 논문을 몇 편 발표했어요.

"학생들을 가르치는 일도 좋지만 기계로 실험하며 연구하는 것도 너무 재밌어."

서른 살에 대학교수가 된 뢴트겐은 여러 대학의 물리학 교수를 거

처 1894년 뷔르츠부르크 대학의 물리학 과장이 되었어요.

정체를 알 수 없는 미지의 빛

19세기 후반은 물리학이 엄청난 발전을 이루던 시기였어요. 전기, 자기, 광선, 진동, 원자, 결정, 기체 등 여러 가지 물리적 현상들이 집중적으로 연구되었지요. 당시 과학자들은 음극선관을 이용해 여러 가지 실험을 했어요. 음극선관은 양극과 음극이 양 끝에 붙어 있는 진공 상태의 유리관이에요. 진공 유리관에 전기를 흘리면 전류가 흐르면서 빛이 나오는데, 전류의 세기에 따라 빛의 색깔이 달라졌어요.

　1895년 11월, 뢴트겐은 실험실에서 음극선관을 이용해 실험하고 있었어요. 두꺼운 검은 종이로 음극선관을 둘러싸서 빛이 나오지 못하도록 만든 다음 모든 조명을 끄고 음극선관에 전기를 흘렸지요. 그러자 이상한 일이 일어났어요. 음극선관에서 조금 떨어진 스크린에서 밝은 빛이 반짝이고 있는 거예요.
　"어? 빛이 새어 나올 수 없게 잘 막았는데, 이 빛은 뭐지? 대체 어떻

음극선관

음극선을 발생시키는 실험을 위해 제작된 유리관이에요. 내부에 공기가 없는 진공 상태의 유리관 양쪽에 전극을 만들고 전기를 흘리면 음극(−)에서 전자가 나와 양극(+)으로 이동해요. 이때 음극에서 나오는 빛을 바로 음극선이라고 해요.

게 검은 종이를 뚫은 걸까? 혹시 종이 말고도 다른 재료도 통과할 수 있을까?"

정체불명의 빛은 뢴트겐의 호기심을 자극했어요. 뢴트겐은 음극선관과 스크린 사이를 두꺼운 책으로 막아 보았어요. 그런데도 여전히 스크린은 빛났어요. 이번에는 나무, 헝겊 등 재료를 바꾸며 막았어요. 미지의 빛은 천 쪽이 넘는 책을 비롯해 다른 재료들도 쉽게 통과했어요. 뢴트겐은 너무 놀라 입이 떡 벌어졌어요.

"이렇게 강력한 빛은 처음 봐. 이 빛은 누구에게도 알려지지 않은 새로운 광선이야."

뢴트겐은 이 빛에 '엑스선(X-RAY)'이라는 이름을 붙였어요. 수학에서 무엇인지 알 수 없을 때 쓰는 알파벳 X를 따온 거예요.

뼈를 보여 주는 신비한 엑스선

뢴트겐은 밤잠을 설치며 신비한 엑스선의 성질을 연구했어요. 그러다 엑스선이 납 같은 금속판은 통과하지 못한다는 새로운 사실을 발견했어요. 그 순간 뢴트겐은 기발한 생각이 떠올랐어요.

"엑스선은 물질을 잘 통과하잖아. 이 성질을 이용하면 사람의 몸속 사진도 찍을 수 있지 않을까? 그렇게 되면 해부를 하지 않아도 우리 몸속에 무엇이 있는지 볼 수 있을 거야."

신이 난 뢴트겐은 사진 건판을 가져와 음극선관 앞에 댔어요. 사진

건판은 사진을 찍을 때 상이 맺히는 판으로 필름과 같은 역할을 해요. 뢴트겐은 자신의 실험실로 아내를 불렀어요. 음극선관과 건판 사이에 손을 대 보라고 했지요. 잠시 후 사진을 본 아내는 깜짝 놀라서 남편에게 물었어요.

"여보, 이게 뭐예요?"

"당신 손뼈 사진이오."

놀랍게도 사진에는 아내의 손뼈와 함께 손가락에 끼고 있던 반지까지 선명하게 나타났어요. 역사상 처음으로 살아 있는 사람의 뼈가 사진으로 탄생한 순간이었어요. 이 일을 계기로 뢴트겐은 확신했어요.

"해부를 하지 않고도 몸속을 볼 수 있다."

뢴트겐은 두 달 만에 엑스선에 대한 연구 논문을 완성해 발표했어요. 새로운 빛의 존재가 공개되자마자 세상은 떠들썩했어요. 특히 의사들이 엑스선의 발견을 가장 환영했어요. 엑스선을 이용하면 환자의 몸속에 어떤 이상이 있는지 정확히 진단할 수 있으니까요.

"몸을 해부하지 않아도 속을 훤히 볼 수 있다니, 이건 기적이야!"

엑스선의 발견은 질병의 진단과 치료에 큰 도움을 주었어요. 의사들은 엑스선으로 뼈가 부러진 부위를 정확히 진단하고 환자의 머리에 박힌 총알까지 찾아냈어요.

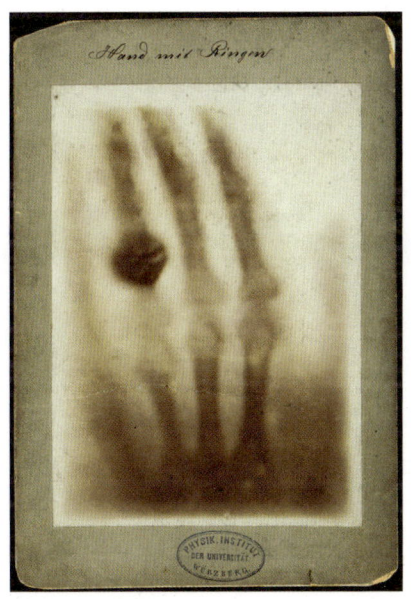

뢴트겐 아내의 손뼈 사진

뢴트겐 박물관의 오래된 엑스선 기계
(독일 뷔르츠부르크)

만약 엑스선에 대한 특허를 낸다면 뢴트겐은 큰돈을 벌 수 있었어요. 그러나 뢴트겐은 특허를 내지 않고 엑스선의 모든 기술을 무료로 공개했어요.

"과학자는 자신이 알아낸 자연의 신비로움을 사람들에게 알려 주고, 누구든지 그 기쁨을 함께 누리도록 해야 해."

1901년, 뢴트겐은 최초로 노벨 물리학상을 수상했어요.

엑스선의 원리

　엑스선은 전자기파의 한 종류예요. 전자기파는 파장의 길이에 따라 여러 가지 종류로 나뉘는데 가시광선, 자외선, 적외선, 엑스선, 감마선, 라디오파 등이 있어요. 우리 눈으로 볼 수 있는 빛은 가시광선뿐이에요.

　전자기파는 파상이 짧은 빛일수록 에너지가 커요. 엑스선은 가시광선이나 자외선, 적외선보다 파장이 짧아서 물질을 통과하는 힘이 강해요. 그래서 밀도가 낮은 피부나 근육은 통과해서 하얗게 나타나고, 밀도가 높은 뼈는 통과하지 못하고 반사되어 검게 나타나요. 이 원리를 이용하면 우리 몸속을 관찰할 수 있어요. 해부하지 않아도 병의 진단과 치료가 가능해진 거예요.

　오늘날에는 암세포를 죽이는 방사선 치료와 얼굴의 기미를 없애기 위한 레이저 치료에도 엑스선을 사용해요. 엑스선은 의학뿐만 아니라 과학 연구, 보안 검색대, 가짜 미술품 판별 등 다양하게 활용되고 있어요.

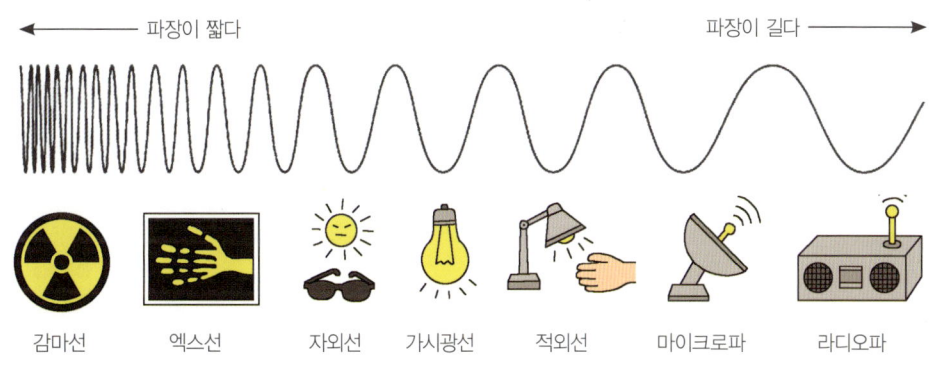

전자기파의 종류

최초의 항생제

단지 우연히 자연이 만든 페니실린을 발견했을 뿐이다

플레밍(1881년~1955년)

제너가 우두 바이러스로 두창 백신을 처음 개발한 이후, 병을 예방할 수 있는 방법뿐만 아니라, 병을 치료할 수 있는 연구도 많이 이루어졌어요. 가장 대표적인 연구가 바로 항생제예요. 항생제는 우리 몸에 해를 끼치는 병원균이 자라지 못하게 막거나 병원균을 찾아 죽이는 약을 말해요. 주로 세균에 감염되었을 때 항생제로 치료해요.

　그러나 20세기 초까지만 해도 항생제가 없어 해마다 수백만 명이 온갖 질병과 세균 감염으로 사망했어요. 의학자들은 항생제를 찾기 위해 많은 노력을 기울였어요. 그 과정에서 우연한 실수로 최초의 항생제가 개발되었어요. 이 우연한 실수를 한 행운아가 누구일까요? 바로 영국의 의학자 알렉산더 플레밍이에요.

세균 감염과의 전쟁

알렉산더 플레밍은 1881년 스코틀랜드의 외딴 농가에서 태어났어요. 여덟 형제 중 일곱째였던 플레밍은 형제들과 자연을 뛰어다니며 탐험 놀이를 즐겼어요. 풀과 나무, 벌레 등 사소한 것 하나도 그냥 지나치지 않고 관찰하는 재미에 푹 빠졌지요.

청년이 된 플레밍은 세인트 메리 의과대학을 졸업한 후 미생물 연구에 파묻혀 지냈어요. 그러던 1914년, 제1차 세계대전이 일어나자 야전 병원으로 파견되었어요. 부상병 가운데 절반 이상이 상처 부위가 감염돼 죽어 가고 있었어요.

"의사 선생님! 제 다리 좀 살려 주세요!"

플레밍은 소독약을 바르며 치료했지만, 세균에 감염된 상처 부위는 점점 썩어 갔어요.

"상처를 소독했는데 낫기는커녕 더 심해지고 있어."

소독약은 감염을 치료하는 데 아무 소용이 없었어요. 결국 부상자는 세균에 감염된 부위를 자르거나, 끝내 숨졌어요.

"아무래도 소독약이 문제인 것 같아."

플레밍은 치료 방법을 찾기 위해 상처 부위를 살펴보다가 깜짝 놀랐어요. 소독약이 나쁜 세균뿐만 아니라 세균을 방어하는 데 필요한 백혈구까지 죽이고 있었던 거예요.

"저들을 살릴 방법이 없을까? 나쁜 세균만 골라 죽이는 방법을 반

드시 찾아야 해."

엎친 데 덮친 격으로 스페인 독감이 기승을 부려 더 많은 사람들이 목숨을 잃었어요.

콧물의 위대한 힘

전쟁이 끝나자 플레밍은 세인트 메리 병원으로 돌아와 세균 감염을 치료할 수 있는 방법을 찾으려고 애썼어요. 여러 종류의 세균을 배양하고, 각 세균이 어떤 반응을 보이는지 꼼꼼히 관찰했지요.

"에취, 이번 감기는 정말 지독하군."

1921년, 플레밍이 감기에 걸려 코를 훌쩍이는데 그만 콧물이 배양 접시에 떨어졌어요. 그런데 다음 날 배양 접시를 보니 놀라운 현상이 일어났어요. 콧물 주위에 세균이 생기지 않은 거예요. 플레밍은 이를 단순한 우연으로 여기지 않고, 세균이 가득한 배양 접시에 콧물을 한

스페인 독감

1918년 발생해 2년 동안 전 세계에서 약 5천만 명이 목숨을 잃은 무서운 감염병이에요. 제1차 세계대전의 사망자 수보다 3배나 많아 20세기 최악의 감염병으로 알려져 있어요. 독감은 독감 바이러스가 일으켜요.

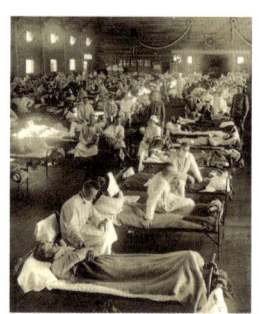

스페인 독감이 유행할 당시 군병원 (미국 캔자스주)

방울 떨어뜨렸어요. 그러자 세균이 있던 자리가 깨끗해졌어요.

"콧물에 세균을 죽이는 항생 물질이 들어 있는 게 분명해!"

플레밍은 열심히 연구한 끝에 콧물 속에 세균 전파를 막는 물질이 있다는 사실을 알아냈어요. 이 물질은 눈물과 침에서도 발견되었어요. 플레밍은 이 물질에 '라이소자임'이라는 이름을 붙였어요. 라이소자임은 병을 예방하는 효과가 있었어요.

당시에는 파스퇴르와 코흐에 의해 병에 걸리기 전에 면역을 주는 백신이 나온 상태였어요. 그러나 세균 때문에 병에 걸리면 낫게 할 치료제는 거의 개발되지 않았지요.

"나쁜 세균을 죽여서 감염을 막는 항생 물질도 분명히 있을 거야."

플레밍은 희망을 품고 라이소자임을 이용해 치료제를 만드는 연구를 이어 나갔어요.

곰팡이가 선물한 기적의 치료제

1928년, 알렉산더 플레밍은 식중독의 원인이 되는 포도상구균을 배양해 놓고 여름휴가를 떠났어요. 그런데 실험실로 돌아와 보니 배양 접시에 이상한 곰팡이가 잔뜩 피어 있었어요.

"아니, 이게 뭐지?"

알고 보니 휴가를 떠나면서 열어 둔 실험실 창문으로 푸른곰팡이가 날아든 것이었어요. 플레밍은 자신의 실수를 깨닫고 배양 접시를

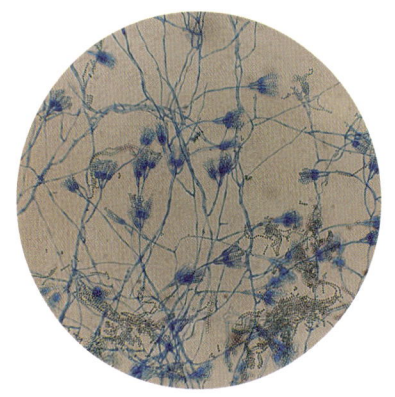
푸른곰팡이

푸른곰팡이가 핀 빵

쓰레기통에 버리려고 했어요. 그 순간 무언가 플레밍의 눈에 띄었어요. 플레밍은 배양 접시를 들고 유심히 들여다보았어요.

"세상에! 푸른곰팡이가 핀 자리에 있던 포도상구균이 죽었어. 혹시 푸른곰팡이에 세균을 죽이는 항생 물질이 있는 건 아닐까?"

푸른곰팡이가 세균을 죽인다는 사실을 발견한 거예요! 플레밍은 흥분을 감출 수가 없었어요. 그때부터 플레밍은 푸른곰팡이를 집중적으로 연구했고, 푸른곰팡이에서 세균만 죽이는 물질을 뽑아내는 데 성공했어요. 엄청난 행운이었지요.

플레밍은 자신이 발견한 항생 물질에 '페니실린'이라는 이름을 붙였어요. 페니실린은 질병을 일으키는 세균이 늘어나는 것을 막아 주는 최초의 항생제였어요.

그 뒤, 플레밍은 페니실린으로 세균을 죽이는 치료제를 만들려고 노력했어요. 하지만 순수한 페니실린을 뽑아내 약으로 만드는 과정은 무척 어려웠어요. 다행히 10년 뒤, 영국 옥스퍼드 대학의 연구팀에 있던 하워드 플로리와 에른스트 체인이 페니실린을 대량으로 만드는 데 성공해 치료약이 개발되었어요.

"환자가 건강해졌어. 페니실린이 기적을 낳은 거야."

페니실린은 제2차 세계대전에서 다친 군인들의 상처를 치료하는

데 사용되어 수많은 목숨을 살렸어요. 드디어 인류가 세균 감염으로부터 해방된 거예요. 1945년, 플레밍은 이 공로를 인정받아 플로리, 체인과 함께 노벨 생리의학상을 공동 수상했어요. 플레밍은 인류를 위한 연구 성과를 다른 학자들의 몫으로 돌리며 이렇게 말했어요.

"단지 우연히 자연이 만든 페니실린을 발견했을 뿐이다."

인류를 구한 항생제, 페니실린

　항생제는 세균이 늘어나는 것을 막아 주는 치료제예요. 알렉산더 플레밍이 발견한 페니실린은 최초의 항생제로 인류에게는 최고의 선물이었어요. 페니실린이 쓰이기 전에는 사소한 상처에도 세균에 감염되어 목숨을 잃고, 수많은 전염병에 속수무책으로 당했거든요. 하지만 페니실린이 개발되면서 세균에 감염되어도 상처를 치료하고 위험한 수술도 큰 걱정 없이 할 수 있었어요. 페니실린은 포도상구균 이외에도 폐렴과 디프테리아, 수막염을 비롯한 여러 질병에도 큰 효과가 있었어요. 페니실린이 보급된 후 인간의 평균 수명은 10년이나 늘어났어요. 그래서 20세기 인류의 생명을 가장 많이 구한 '기적의 약'으로 손꼽히고 있어요.

　페니실린이 개발된 이후 새로운 항생제가 속속 개발되었어요. 결핵을 막아 주는 항생제, 장티푸스를 치료하는 항생제 등 지금까지 600여 종이 넘는 항생제가 개발되었고, 수십 종의 질병을 고치는 약으로 사용되고 있어요.

　다만, 항생제의 효과가 좋다고 마구잡이로 많이 쓰면 안 돼요. 항생제를 써도 죽지 않고 견디는 세균이 생기거든요. 이를 '내성'이 생겼다고 해요. 내성이 생기면 항생제를 아무리 먹어도 효과가 없어요. 그래서 항생제는 꼭 필요할 때 알맞게 사용하는 것이 중요해요.

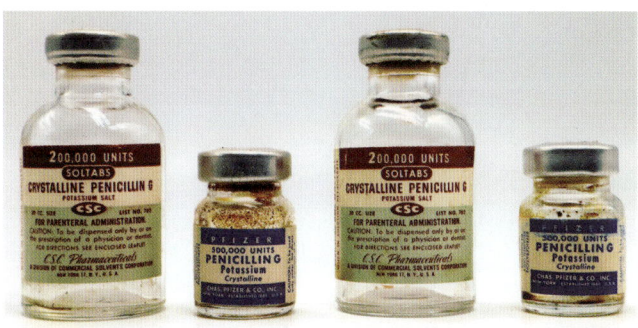

1950년대 미국에서 생산된 페니실린

의학 기술이 발달하면서 질병은 완전히 정복되는 듯했어요. 백신의 개발은 속수무책이었던 결핵과 성홍열, 소아마비 등의 질병으로부터 인간을 해방시켰어요. 페니실린 항생제가 개발되면서 인간의 평균 수명은 두 배 가까이 늘어났고요. 20세기 초반에는 인간의 혈액형이 밝혀지면서 수혈도 자유로워졌어요.

　이때까지 정복하지 못한 영역은 생명의 탄생이었어요. 엄마의 몸속에서 정자와 난자가 수정되어 아기가 태어나는 것은 자연의 섭리에 따른 신의 영역이었지요. 그런데 의학의 눈부신 발전은 신의 영역까지 넘보기 시작했어요. 엄마의 몸 밖에서도 수정을 할 수 있게 된 거예요.

　"생명의 탄생을 실험하다니, 신에 대한 불경스러운 도전이야."

　종교계는 거세게 비난했어요. 이에 어느 의학자가 등장해 반박했어요.

　"신에 대한 도전이 아닙니다. 그것은 인류의 위대한 진보입니다."

　신의 영역으로만 여겨졌던 생명의 탄생을 의학의 영역으로 올려놓은 이 사람은 영국의 의학자, 로버트 에드워즈예요.

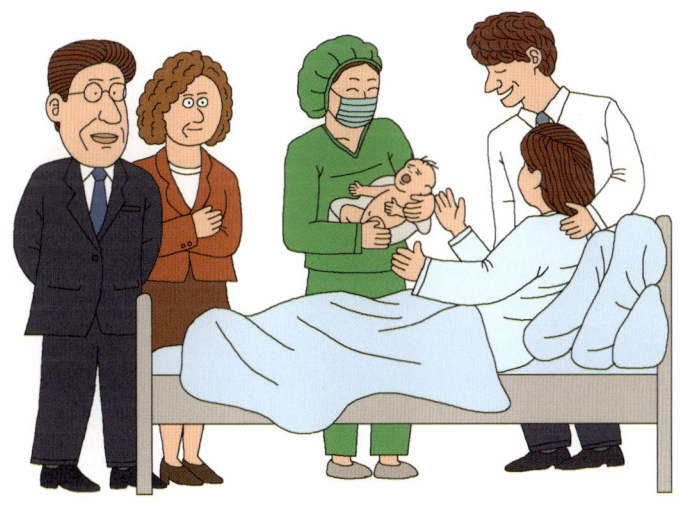

생명 탄생의 신비

로버트 에드워즈는 1925년 영국 요크셔의 시골 마을에서 삼 형제 중 둘째로 태어났어요. 아버지는 철도 노동자였고, 어머니는 동네 방앗간에서 일했어요. 집은 가난했지만 에드워즈는 머리가 좋아 장학금을 받으며 공부했어요. 에드워즈는 여름 방학이 되면 농장에서 가축들을 돌봤어요.

그러던 어느 날, 소가 새끼를 낳는 모습을 보게 되었어요.

"우아! 송아지가 태어났어. 너무 신기해. 동물은 대체 어떻게 태어나는 걸까?"

동물의 번식 과정에 호기심을 느낀 에드워즈는 1948년, 웨일스 대학에 들어가 농업과 동물학을 전공했어요. 그 뒤에는 에든버러 대학원에 진학해 동물의 유전자를 연구했지요.

그 무렵 어느 과학자가 토끼의 난자와 정자를 시험관에서 인공적으로 수정시키는 데 성공해 새끼를 낳았다는 소식을 들었어요.

"동물의 인공 수정을 시험관에서 할 수 있다면 사람의 난자와 정자도 똑같이 할 수 있지 않을까? 그 기술을 개발한다면 아기를 갖지 못하는 불임 부부에게 큰 희망이 될 거야."

불임 치료를 위한 새로운 도전

불임은 흔히 정자와 난자가 자연스러운 수정에 실패해 임신이 안

되는 상태를 말해요. 자연적인 임신의 경우, 엄마의 난소에서 난자가 나와 나팔관으로 이동해요. 나팔관에서 아빠의 정자와 엄마의 난자가 만나 수정된 뒤 자궁벽에 착상되어 자라는 것이 임신 과정이에요.

그런데 여러 가지 문제로 임신이 되지 않는 사람들이 많았어요. 에드워즈는 불임 치료를 위해 1960년부터 사람의 정자와 난자를 시험관에서 수정하는 연구를 시작했어요. 난자와 정자의 수정이 몸 밖에서 이루어지기 때문에 '체외 수정' 기술이라고 해요.

8년 뒤, 에드워즈는 처음으로 시험관에서 인간의 난자와 정자를 수정시키는 데 성공했어요. 그런데 어찌 된 영문인지 시험관에서 수정

임신의 과정

① 나팔관에서 난자와 정자가 만나 수정돼요.
② 수정란은 세포 분열을 하면서 이동해요.
③ 일주일 뒤, 자궁벽에 착상하면 임신이에요.
④ 자궁 속에서 태아가 자라요.

란의 세포 분열이 일어나지 않았어요. 같은 시도를 100번이나 했지만 모두 실패했지요. 에드워즈는 실험 방법을 바꾸기로 했어요.

"시험관에서 난자를 성숙시키기 어려우니 아예 잘 성숙한 난자를 골라 빼내야겠어. 난자를 안정적으로 빼내는 기술은 누가 갖고 있을까?"

에드워즈는 수소문 끝에 든든한 동료를 얻게 되었어요. 그는 올드햄의 산부인과 의사인 스텝토였어요. 스텝토는 배에 작은 구멍을 뚫어 인간의 난자를 안정적으로 뽑아내는 최고의 기술을 갖고 있었

어요.

에드워즈가 있는 케임브리지와 스텝토가 있는 올드햄의 거리는 300킬로미터나 되었어요. 두 사람은 장거리를 수없이 오가며 10년 가까이 연구를 계속했어요. 두 사람의 노력으로 인공 수정은 50번이나 성공했지만, 임신에는 모두 실패했어요.

그런데도 에드워즈는 결코 좌절하지 않았어요.

"노력하는 동안은 실패한 게 아니야. 포기하면 안 돼."

세계 최초로 탄생한 시험관 아기

1977년 어느 날, 존과 레슬리 부부가 에드워즈를 찾아왔어요. 존과 레슬리는 결혼한 지 9년이 되도록 아기를 갖지 못했어요. 레슬리의 나팔관이 막혀 임신하기가 어려웠거든요.

레슬리는 에드워즈에게 간절하게 말했어요.

"수많은 의사들을 만나 치료를 받았지만 소용없었어요. 당신이 불임을 치료할 수 있는 최고의 의사라고 들었어요. 제가 아기를 낳을 수 있게 도와주세요."

에드워즈는 레슬리의 난자를 꺼내 시험관에서 존의 정자와 수정시켰어요. 48시간 뒤 인공 수정한 배아를 레슬리의 자궁벽에 착상시켰지요. 이제는 임신과 출산이 무사히 진행되기만을 바랄 시간이었어요.

에드워즈의 20여 년 노력이 통한 걸까요? 1978년 7월 25일, 레슬리는 약 2.6kg의 건강한 아기를 출산했어요.
 "중간 이름을 '조이'라고 하면 어떨까요? 당신들에게 기쁨을 줄 아기니까요."
 에드워즈의 제안으로 세계 최초 체외 수정 기술로 태어난 아기의

이름이 정해졌어요. 바로 '루이스 조이 브라운'이었어요.

루이스를 처음으로 품에 안은 순간 에드워즈는 다시 한번 확신했어요.

"아기보다 더 특별한 존재는 없다."

루이스는 인류가 경험하지 못한 전혀 새로운 방법으로 태어난 기적의 아기였어요.

한편 종교계에서는 체외 수정 기술이 자연의 섭리를 거스른다며 거세게 비난했어요. 그럼에도 불구하고 아기를 가지지 못하는 부모들에게 희망을 준 에드워즈의 방법은 전 세계적으로 널리 퍼졌어요. 2010년, 에드워즈는 노벨 생리의학상을 수상했어요. 불임으로 힘들어하던 수많은 부부에게 아기라는 귀중한 선물을 안겨 주었기 때문이에요.

2013년, 에드워즈가 88세 나이로 세상을 떠났을 때 과학 전문 잡지 〈네이처〉는 이런 글을 실었어요.

"새로운 발견으로 수백만 명의 목숨을 구한 과학자가 몇몇 있다. 로버트 에드워즈는 그런 과학자가 나오는 데 기여한 사람이다."

체외 수정 기술과 세계 최초의 시험관 아기

체외 수정은 정자와 난자가 만나는 수정이 자궁 밖인 시험관에서 이루어져요. 우선 여성의 자궁 안에서 난자를 빼내고, 남성의 몸에서 정자를 빼내 시험관 안에서 인공적으로 수정시켜요. 수정이 이루어진 수정란은 세포 분열을 일으켜 여러 개의 세포가 돼요. 이것을 배아라고 해요. 초기 배아를 다시 여성의 자궁 안에 넣어 임신을 시켜요. 자궁에 안정적으로 착상한 배아는 건강한 아기로 태어나기 위해 자라나기 시작해요. 체외 수정으로 태어난 아기는 시험관 안에서 수정이 이루어지기 때문에 '시험관 아기'라고 부르기도 해요.

그렇다면 시험관 아기는 자라서 자연 임신을 할 수 있을까요? 세계 최초의 시험관 아기로 태어난 루이스 조이 브라운은 자연 임신에 성공해서 2006년, 건강한 아들을 출산했어요. 시험관 아기가 건강하게 자라 정상적으로 임신과 출산을 한다는 사실은 체외 수정이 아주 안전하다는 증거가 되었어요.

에드워즈의 체외 수정 기술은 전 세계로 퍼져 불임을 치료하는 보편적인 방법으로 자리 잡았어요. 루이스의 탄생 이후 전 세계적으로 태어난 시험관 아기는 약 400만 명에 달해요. 우리나라에서도 1985년 장윤석 서울대 병원 박사팀이 국내 최초로 시험관 아기를 탄생시켰어요. 그 뒤로도 다양한 체외 기술 방법이 개발되어 수많은 불임 부부에게 아기를 갖는 기쁨을 안겨 주고 있어요.

로버트 에드워즈(왼쪽), 레슬리 브라운(가운데), 루이스 조이 브라운과 아들 카메론(오른쪽)

추천의 글

현대 의학은 아기를 가지지 못하는 부모가 아기를 가질 수 있게 도와주고, 새로운 감염병이 나타나면 빨리 백신을 만들어서 예방 접종을 하고, 심각한 병으로 장기를 쓰지 못하면 기능을 할 수 있는 장기를 갈아 끼워 생명을 유지할 수 있게 해 주고, 컴퓨터가 장착된 로봇을 이용하여 사람이 하기 어려운 미세한 수술을 할 수 있을 정도로 발전했습니다. 지금의 수준으로 의학이 발전하기까지는 역사적으로 많은 이들의 노력과 행운이 있었습니다.

의학의 역사를 빛낸 의학자 이야기를 접하면서 의학에 관심이 있는 어린이로 자라기를 기대합니다. 의학을 좋아하는 어린이가 자라서 치료가 불가능하거나 어려운 병으로 고생하는 환자를 도울 방법을 찾고, 이 세상 모든 사람들이 건강하게 살아갈 수 있도록 기여한다면 우리가 살고 있는 이 세상은 더욱 살기 좋은 곳이 될 것입니다.

사람의 몸을 다루는 의학은 어렵기만 한 학문이 아니라 언제나 우리 곁에 있으며, 누구나 흥미롭게 대할 수 있는 학문입니다. 의학의 역사를 발전시킨 수많은 학자를 만나면서 의학에 대한 호기심을 불러일으킬 수 있는 이 책을 어린이 여러분에게 추천합니다.

예병일(연세대학교 원주의과대학 교수)

참고 자료

- 도서

예병일, 《의사를 꿈꾸는 어린이를 위한 놀라운 의학사》, 해나무, 2010
김영호, 《플레밍이 들려주는 페니실린 이야기》, 자음과모음, 2010
우리누리, 《그래서 이런 의학이 생겼대요》, 길벗스쿨, 2015
글터 반딧불, 《의학의 역사가 궁금해》, 꼬마이실, 2016
심선민, 《생방송 한국사 6》, 아울북, 2017
최현석, 《어린이를 위한 명랑한 세계 의학 여행》, 토토북, 2021
크리스티안 베이마이어, 《의학사를 이끈 20인의 실험과 도전》, 주니어김영사, 2010
존 퀘이조, 《콜레라는 어떻게 문명을 구했나》, 메디치미디어, 2012
앤 러브·제인 드레이크, 《당신이 살아 있는 진짜 이유》, 내인생의책, 2017
양대승, 《리틀 의사가 꼭 알아야 할 의학 이야기》, 함께자람, 2008
로날트 D. 게르슈테, 《질병이 바꾼 세계의 역사》, 미래의창, 2020
이재담, 《무서운 의학사》, 사이언스북스, 2020
이재담, 《위대한 의학사》, 사이언스북스, 2020
린지 피츠해리스, 《수술의 탄생》, 열린책들, 2020
김은중, 《이토록 재밌는 의학 이야기》, 반니, 2022

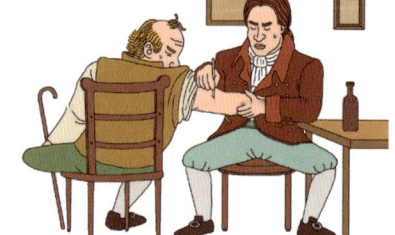

- 기사 및 사이트

천재학습백과 초등 스토리텔링 한국사, 허준과 동의보감, 천재교육
황상익의 의학 파노라마, 〈경향신문〉